MANNHEIM

HARTMUT ELLRICH

WEITERE STADTFÜHRER AUS UNSERER REIHE

Bamberg • Bayreuth • Braunschweig • Celle • Erfurt • Chemnitz • Flensburg • Gotha • Goslar • Halle (Saale) • Hameln • Hildesheim • Jena • Kiel • Magdeburg • Meiningen • Oldenburg • Osnabrück • Paderborn • Rostock • Zeitz

mitteldeutscher verlag

Die Stadt zu Füßen: Blick vom Uhrenturm des Schlosses auf Ehrenhof, Kurpfalzachse und Oberstadt

TOP-TIPPS

BAROCKSCHLOSS

Eine der größten Barockanlagen Europas mit sechs Hektar umbauter Fläche und einer der größten Treppenanlagen des deutschen Schlossbaues, Schlossmuseum mit barocker Beletage und staunenswerten Exponaten. S. 37

REISS-ENGELHORN-MUSEEN

„Eines der renommiertesten Ausstellungshäuser Europas" titelt die Homepage der „rem". Nachts wird das Haus zum Kunstobjekt von Elisabeth Brockmannmit der Lichtinstallation „LUX" auf 1.000 Quadratmetern. S. 27/28

JESUITENKIRCHE

Bedeutendster Barockkirchenbau Südwestdeutschlands und größtes Mannheimer Gotteshaus mit einem rund 20 Meter hohen rekonstruierten Hochaltar nach Entwürfen Paul Egells. S. 32

WASSERTURM

Der 56,4 Meter hohe neobarocke Turm ist das Wahrzeichen der Stadt schlechthin – Kulisse des schönsten Weihnachtsmarktes der Region, Zentrum der Jugendstilanlage Friedrichsplatz mit herrlichsten Wasserspielen. S. 64

LUISENPARK

„Eine der schönsten Parkanlagen Europas" – Mannheims grüne Lunge mit Pflanzenschauhaus und Chinesischem Teehaus. Erholung pur auf einer 42 Hektar großen Fläche für jährlich über 1,3 Millionen Besucher. S. 71

ENTDECKER-TIPPS

TECHNOSEUM

Über 250 Jahre Technik- und Sozialgeschichte auf 9.000 Quadratmetern Fläche mit mehr als 100 Experimentierstationen lassen dieses „arbeitende" Museum niemals stillstehen. Europäischer Museumspreis 1992! S. 78

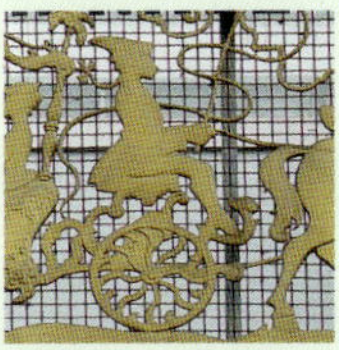

KURFÜRSTENZUG

Mannheims schönster Balkon erinnert mit Zenta Zizlers Jagdzug des Kurfürsten Carl Theodor an die große Zeit Mannheims im 18. Jahrhundert. An der Haltestelle Strohmarkt wird Warten so zum bloßen Vergnügen! S. 52

LITERATURFORUM SCHILLERHAUS

Kleines, feines Museum in einem der letzten erhaltenen barocken Wohngebäude-Ensembles der Quadratestadt. Auch wenn Schiller hier nicht gewirkt hat – so oder ähnlich hat Mannheim im 18. Jahrhundert ausgesehen. S. 31

EXOTENWALD WEINHEIM

Deutschlands größter Exotenwald mit rund 140 verschiedenen Baumarten liegt unweit von Mannheim entfernt! Er verfügt über 60 Hektar Fläche und 125 Baumarten, darunter einen Mammutbaum von über 55,2 Metern Höhe. S. 101

SCHLOSS/PARK WORMS-HERRNSHEIM

Schloss Herrnsheim ist ein Geheimtipp! Der Bau gilt als eines der repräsentativsten herrschaftlichen Bauwerke Rheinhessens, der zugehörige Park als schönster englischer Landschaftsgarten in Rheinland-Pfalz. S. 107

WILLKOMMEN IN MANNHEIM

Mannheim erreicht man aus allen Himmelsrichtungen, doch den Ausspruch „Mannem vorne!“ konnten ehedem nur Bahnreisende aus Frankfurt oder Stuttgart vor der Zugteilung in Friedrichsfeld hören. Nur die vorderen Wagen rollten damals nach Mannem. Nach Stuttgart ist Mannheims Hauptbahnhof heute der größte Bahnverkehrsknoten Südwestdeutschlands. Von hier aus sind es wenige Minuten zu Fuß oder mit der Stadtbahn bis ins Zentrum. Plötzlich ist man mittendrin, in einer Stadt, die revolutionäre Dichter zuließ und mit Schillers Räubern im späten 18. Jahrhundert einen Hype landete. Mozart hingegen sammelte in Mannheim nur Taschenuhren, ein Job wäre ihm lieber gewesen, aber eine der Mannheimer Weber-Töchter nahm er mit nach Wien. Überhaupt ist die Stadt bunt, erst recht, wenn Markttag ist. Dann duftet es am

Zeitschichten: C 5 aufgemalt statt in Emaille

Marktplatz und die Kenner haben garantiert zu Weck und Worscht gegriffen. Sie wissen doch: „www" steht für Weck, Worscht un Woi – also Wein, aber den lassen wir getrost mal eben weg und konzentrieren uns lieber nüchtern auf das Glockenspiel am Alten Rathaus – im Idealfall mit dem Jäger aus Kurpfalz. Überhaupt Kurpfalz – die Kurpfälzer sind schon eine eigene Art, liebenswert, grad an, „net hinnerfotzisch", wie die legendäre Jazz- und Bluesröhre Joy Fleming in einer gemeinsamen SWR-Sendung über unsere Heimatstadt zum Besten gab. Die Kurfürsten von der Pfalz haben unsere Stadt geprägt – die Quadrate, womöglich das Vorbild für New York, und den freien Geist, der Scharen von Intellektuellen seit dem 18. Jahrhundert hierher zog. Irgendwann auch Schiller, der im Nationaltheater unglaublich modern geblieben ist. Überhaupt modern. Die Stadt rockt mit Popakademie und Musikhochschulen, Mozart trifft heute Xavier Naidoo und die Söhne Mannheims und Schiller trifft Bülent Ceylan. Längst hat die Stadt auch ihr Potenzial am Wasser erkannt. Feine Hotels und Restaurants bieten Wohnen am Wasser und setzen bewusst oder unbewusst alte Traditionen fort! Bereits im 19. Jahrhundert galt es als „hip" am Hafen zu logieren. Der Jungbusch ist heute angesagter denn je und auch die Neckarstadt beginnt sich zu wandeln. Da entsteht über dem alten Ochsenpferchbunker gerade ein modernes Stadtarchiv, unweit von Mannheims Rotlichtbezirk um die Lupinenstraße. Dass sich damit trefflich Geschichten erzählen lassen, kann der Besucher im „Theater oliv" erfahren, irgendwann „iwwer die Brigg" zurück und die letzten Stunden im Dampfbad des Herschelbades ordentlich entspannen. Ein paar Tipps vereint der vorliegende Band und ja, Ausbrüche in die Metropolregion sind wohldosiert einkalkuliert. Übrigens haben die alle einen Bezug zur alten Haupt- und Residenzstadt Mannheim! Also auf zur Stadterkundung und: Verlaufen ist ausgeschlossen.
Bis hoffentlich bald?!
Ihr Hartmut Ellrich

VERANSTALTUNGS-KALENDER

JANUAR

Arena of Cats Die Weltausstellung; seit zehn Jahren feste Größe für Katzenfreunde. www.1-krv.de/de/arena-of-cats-besucher-info

FEBRUAR

Alljährlicher Fasnachtsmarkt in der Innenstadt Zwischen Altweiberfasnacht und der Straßenfasnacht am Fasnachtsdienstag mit Schaustellern, Gastronomie und den Karnevalsvereinen.

APRIL

Mannheim blüht auf Alljährlicher Startschuss zum Mannheimer Blumenschmuck-Wettbewerb.

MAI

Maimarkt und Maimess in der Tradition seit 1613 Der Maimarkt ist Deutschlands größte Regionalmesse mit jährlich rund 350.000 Besuchern und 1.400 Ausstellern in 47 Hallen und auf einem großen Freigelände über elf Tage. www.maimarkt.de

Mannheimer Stadtfest Größte Open-Air-Veranstaltung der Region auf den Planken und rund um den Wasserturm; Musikangebote mit Livemusik, Kunsthandwerkermarkt und Kinderfest auf den Kapuzinerplanken – jährlich am letzten Wochenende im Mai.

> **TIPP** Alle wichtigen Infos zu Veranstaltungen in Mannheim bietet die Seite www.visit-mannheim.de/veranstaltungen

AUGUST

Mannheimer Brückenaward Nichtkommerzielles Projekt von Musikern und Kulturschaffenden. www.brueckenaward.de

SEPTEMBER

Schlossfest Alljährlich mit über 10.000 Besuchern im Ehrenhof, Rittersaal und Gartensaal – Mischung aus Wissenschaft und Party durch die Uni Mannheim.

Blumepeterfest Jährlich stattfindendes Fest des Mannheimer „Feuerio" zugunsten der MM-Aktion „Wir wollen helfen". Hinterm „MM" verbirgt sich Mannheims Zeitung – der „Mannheimer Morgen", hinterm „Feuerio" die Große Carnevalgesellschaft von 1898. Das Fest selbst ist mittlerweile am Wasserturm fest etabliert. 2017 fand es zum 50. Mal statt!

OKTOBER

Oktobermess Tradition seit 1613. Die Vergnügungsmesse findet zweimal jährlich auf dem Neuen Messplatz im Herzogenried statt.

VETERAMA Alljährlich am zweiten Wochenende im Oktober auf dem Maimarktgelände. Seit 1975 treffen

Oldtimer-Liebhaber aufeinander. Auf 4.000 Aussteller kommen heute 50.000 Besucher jährlich. www.veterama.de

Mannheimer Oktoberfest Seit 2014 (vier Wochenenden ab Mitte Oktober), 2.200 Quadratmeter großes Festzelt in der Theodor-Heuss-Anlage gegenüber vom Carl-Benz-Stadion mit rund 28.000 Besuchern. www.oktoberfest-mannheim.de

Enjoy Jazz Jährlich stattfindendes, sechswöchiges Festival in Mannheim, Heidelberg und Ludwigshafen mit über 20.000 Besuchern. www.enjoyjazz.de

NOVEMBER

Internationales Filmfestival Mannheim-Heidelberg 1952 initiiertes, jährlich stattfindendes Festival im Oktober oder November mit jeweils rund 60.000 Besuchern. Der Schwerpunkt liegt auf jungen Talenten und deren Entdeckung und Förderung. www.iffmh.de

DEZEMBER

Mannheimer Weihnachtsmarkt Um den Wasserturm mit etwa 200 Verkaufsständen. Er zählt zu den ältesten und größten in Deutschland. Besonders atmosphärisch ist das nostalgische Karussell mit seiner prächtigen und klanggewaltigen Orgel. Der Weihnachtsmarkt schließt traditionsgemäß am 23. Dezember. www.weihnachtsmarkt-mannheim.de

Mannheimer Oktobermess

Weihnachtsmarkt auf den Kapuzinerplanken Rund 80 Aussteller präsentieren hier neben Kunsthandwerk auch kulinarische Genüsse. Die Besonderheit liegt auf Produkten, die der Einzelhandel sonst nicht anbietet.

Mannheimer Märchenwald Märchenhafte Landschaft am Paradeplatz aus hunderten von echten Bäumen, weihnachtlich geschmückten Hütten und lebendig gewordenen Märchenfiguren. www.mannheimer-maerchenwald.de

Silvestermarkt Jährlich nach Weihnachten bis Silvester auf den Kapuzinerplanken.

ZENTRALE MÄRKTE

Hauptmarkt Di./Do. 7–14 Uhr, Sa. 7–15 Uhr auf dem Marktplatz G1

Biomarkt Fr. 12–19 Uhr auf den Kapuzinerplanken

Mannheimer Krempelmarkt Seit 1970, feste Institution in Mannheim auf dem Neuen Messplatz. www.mannheimer-krempelmarkt.de

MANNEMER DRECK

Der vermutlich einzige Dreck, der auch noch schmeckt und sich bei allzu reichem Genuss auf den Hüften absetzt, kommt aus Mannheim. Er verdankt seine Entstehung im Jahr 1822 eher einem Zufall, als die Polizeiverordnung des Stadtdirektors Philipp Anton v. Jagemann (1780–1850) – übrigens eines Cousins der berühmten Caroline v. Jagemann (1777–1848) – bei Androhung von zwei Reichstalern Strafe verbot „den im Haus aufgesammelten Koth mit den Kehrricht" auf der Straße zu entsorgen. Das brachte den Konditormeister Friedrich Brechter wiederum auf die Idee, wie es heißt, „zum Gaudium der Passanten und zur Erheiterung des Publikums" ein ähnlich aussehendes braunes Gebäck herzustellen, das er kurzerhand in seinem Fenster präsentierte und „Mannheimer Haufen" nannte. Es war eine süße und sympathische Form des Protestes und vor allem die Geburtsstunde des „Mannemer Drecks", wie er heute umgangssprachlich heißt. Ein Glück, dass das Rezept Brechters erhalten blieb, denn Brechter und die Herrdegen'schen Vorfahren Carl und Joseph waren miteinander befreundet. Sie setzten die Tradition fort, die bis heute anhält. Allmählich begann sich auch der Name zu wandeln. In Carl Herrdegens Rezeptbuch wurde das Gebäck 1862 als „Dreckhaufen" bezeichnet, ein Titel, der sich heute vermutlich genauso wenig verkaufen ließe wie der „Mannheimer Haufen" von Konditormeister Brechter. Das Café Herrdegen ist heute Mannheims älteste Konditorei. Natürlich gibts hier seit über eineinhalb Jahrhunderten „Mannemer Dreck" und der besteht aus nicht weniger als 14 verschiedenen Zutaten. Dazu gehören Nüsse, Zucker, Orangeat, Zitronat, Gewürze, Oblate gebacken und Schokoladeüberzug. Der Name selbst ist nicht urheberrechtlich geschützt, weshalb auch die anderen Mannheimer Konditoren „Mannemer Dreck" herstellen, jeweils nach eigenen überlieferten Rezepten und immer ein Fünkchen anders. 1972 setzte die bekannte „Jazz-

Konditorei „Café Herrdegen" in der Fressgasse

und Bluesröhre" Joy Fleming dem Traditionsgebäck mit ihrem Lied „Mannemer Dreck" ein musikalisches Denkmal über die Grenzen der Region hinaus. Die Paragraphenreiter von heute verstanden in den 1980er Jahren weniger Spaß, als sie kurzerhand befanden, dass der in der deutschen Lebensmittel-Artikelliste verboten gehöre. Doch Mannheims Konditoren wehrten sich erfolgreich und der Name blieb bestehen – bis heute. Auch das Herrdegen'sche Haus selbst ist eine Sehenswürdigkeit und entstand zu Beginn des 18. Jahrhunderts als zweigeschossiger Putzbau mit Mansardwalmdach und Ohrenrahmenfenstern aus rotem Sandstein in der Art der damaligen Zeit. Ursprüngliche Bauherren waren der Bäckermeister und Ratsverwandte (Stadtrat) Otto Franz Platt und seine Frau Johanna Ottilia. 1999 wurde die Fassade des Hauses mit der alten Fassadenfarbigkeit restauriert.

MANNEMER BLOOMÄULER

Der Spitzname „Bloomaul" gilt in Mannheim als ganz besondere, ja höchste bürgerschaftliche Auszeichnung. Er charakterisiert jemanden, der kein Blatt vor den Mund nimmt – eigentlich ganz so, wie es dem Kurpfälzer eigen ist. „Mannemer Bloomäuler" beherrschen selbstverständlich den heimischen Dialekt und wirken als „Botschafter" ihrer Stadt in die Region hinein und darüber hinaus. Als 1970 der Herausgeber des „Mannheimer Morgen" und Faschingsprinz der „Großen Carnevalgesellschaft Feuerio 1898 Mannheim e.V." Rainer von Schilling den gleichnamigen Bloomaulorden stiftete, orientierte er sich an der Figur des „Blumepeter" Peter Schäfer (1875–1940), der zwar weder lesen noch schreiben konnte, geistig und körperlich stark behindert sowie kleinwüchsig war, um den sich aber bis heute zahlreiche Geschichten und Legenden ranken. Er genoss den Ruf eines bauernschlauen Originals. Mit seinem Spruch „Kaaf mer ebbes ab!" (hochdeutsch: Kauf mir etwas ab!) versuchte er in Mannheimer Lokalen seine Blumen zu verkaufen. Für die Gestaltung des Ordens in Form einer kleinen Bronzeplastik des „Blumepeter" gewann Rainer von Schilling seinerzeit den Bildhauer Gerd Dehof. Die Figur zeigt den durch die Beine nach hinten schauenden „Blumepeter", wie er dem Betrachter den Hintern entgegenstreckt. Der Entwurf entstand anlässlich der Stiftung eines Brunnens durch den „Mannheimer Morgen" im Jahre 1966, wurde aber als für den öffentlichen Raum unzumutbar abgelehnt. Der Ordensstifter Rainer von Schilling sah aber gerade in diesem urwüchsigen wie frechen Entwurf die „Kurpfälzer Lebensart" am besten verwirklicht. Die ursprünglich als reiner Fastnachtsorden gedachte Plastik wird heute als Auszeichnung durchaus ernst genommen und die Träger werden bei offiziellen Gelegenheiten in Mannheim protokollarisch begrüßt. Im Vergleich zum Orden zeigt sich die 1967 auf dem Kapuzinerplatz enthüllte Bronzeskulptur deutlich

Helen Heberer – Bloomaul 2017

„bürgerlicher". Seit dieser Zeit findet auch das vom „Feuerio" ausgerichtete „Blumepeterfest" statt. Es ist heute – an den Wasserturm verlegt – die größte Wohltätigkeitsveranstaltung der Region, deren Erlös der Aktion des „Mannheimer Morgen" „Wir wollen helfen" zugutekommt. Die Bloomaul-Auszeichnung wird an Persönlichkeiten vergeben, die Mannheim in typischer Art und Weise, unverwechselbar vertreten, wobei es keine Rolle spielt, wo die Betreffenden geboren sind. Närrisch ist allerdings die Verleihungszeit geblieben – die „Mannemer Fassenacht" und edel der Ort: das Mannheimer Nationaltheater. Bis 2010 wurden 41 Persönlichkeiten geehrt – vom Mannemer Original, über Sportler und Künstler bis hin zur hohen Geistlichkeit. Zu den teils sehr prominenten Namensträgern gehörten Anneliese Rothenberger, Heinz Haber, Sepp Herberger, Carl Raddatz oder Joy Fleming.

MANNHEIMER HAFEN

Die Popakademie liegt direkt am Verbindungskanal, der das Stadtgebiet vom Hafen trennt. Der Verbindungskanal entstand in den Jahren 1875 bis 1879 und ist mehr und mehr im Umbruch als urbanes Stadtquartier. Tatsächlich bildet dieser Bereich nur einen kleinen Teil des Hafens ab, der sich über eine Fläche von 1.131 Hektar ausdehnt. Er ist damit von der Ausdehnung her der größte Binnenhafen der Republik, bestehend aus vier Hafengebieten mit 14 Hafenbecken sowie drei Stromhäfen. Die Hafengebiete sind Handelshafen, Rheinauhafen, Altrheinhafen und Industriehafen. Hier am Verbindungskanal erstreckt sich der Bereich des Handelshafens. Allein das Gleisnetz der Mannheimer Hafenanlagen misst 148 Kilometer inklusive Weicheneinheiten. Hinzu kommen 35,7 Kilometer Hafenstraßen einschließlich energiesparender Straßenbeleuchtung, neun Trafostationen und sechs Stromtankstellen. Auch die Lagerflächen sind gewaltig: 226 Hektar Freilagerfläche und 119 Hektar gedeckte Lagerfläche, dazu 1.527 Lagersilos und Schüttböden. Sie nehmen u.a. Getreide, Kohle, Kies, Zement und Futtermittel in einer Größenordnung von über 385.000 Tonnen auf. Hinzu kommen 1.078 Tanks für Mineral- und Speiseöle. Ihr gesamtes Fassungsvermögen liegt bei rund 1,5 Millionen Tonnen. Als Umschlagmöglichkeiten stehen drei Containerterminals, eine Roll-on/Roll-off-Anlage im Rheinauhafen und ein KLV-Terminal für kombinierten Ladeverkehr im Handelshafen zur Verfügung. Zwei Bundeswasserstraßen, die Bahn und nicht zuletzt die Straße verbinden den Mannheimer Hafen mit allen deutschen und zahlreichen wichtigen europäischen Wirtschaftszentren, darunter auch die Seehäfen in Bremen/Bremerhaven, Hamburg, Antwerpen, Rotterdam und Amsterdam. Bereits 1247 wurden erste Wasserzölle an der Neckarmündung erwähnt. 1349 befand sich eine Rheinzollstation oberhalb des Fischerdorfs

Hafenkran am „Speicher 7"

Mannheim. Mit der Stadtgründung 1607 wurde Mannheim zu einem Handels- und Stapelplatz ausgebaut. 1828 erhielt die Stadt einen zollbegünstigten Freihafen am Rhein sowie eine einfache Anlegestelle unterhalb der Schiffsbrücke, die seinerzeit Mannheim mit dem linken Rheinufer verband. Die eigentliche Gründung des Hafens erfolgte 1840. Damals entstanden ein In- und ein Auslandshafen. Mannheims Bedeutung begann sich zu wandeln. Die einstige kurpfälzische Residenzstadt entwickelte sich zu einem wichtigen Wirtschaftsstandort und Handelsplatz in Baden. Der Hafen galt auch touristisch als sehenswert. Ein eigenes Hotel – das „Hôtel de l'Europe" – befand sich in unmittelbarer Nähe und war seit 1825 bequem per Dampfschiff erreichbar. Heute knüpft der „Speicher 7" als Kombination aus gediegenem Hotel und erstklassigem Restaurant in der Rheinlandvorstraße 7 an diese Tradition an.

MANNHEIMER MAIMARKT

Wenn am letzten Samstag im April alljährlich der Mannheimer Maimarkt seine Pforten öffnet, dann herrscht in der Quadratestadt der Ausnahmezustand. Neben der fünften Jahreszeit zu Fasnacht bricht dann die sechste Jahreszeit aus: Alles ist festlich geschmückt, die Stadtbahnen mit ihren Fähnchen, Hotels und Pensionen ausgebucht, unzählige Pendelbusse im Einsatz, um die zahllosen Besucher auf das 75.000 Quadratmeter große Ausstellungsgelände im Mühlfeld zu transportieren. Der Radius reicht bis auf mehr als 150 Kilometer um Mannheim herum. Hier im Osten der Stadt ist seit 1985 die größte Regionalmesse Deutschlands zu Hause. Die 47 Hallen und das Freigelände sind extrem gut gefüllt, egal ob bei der Fleischerinnung mit ihren eigens kreierten Spezialitäten, im Festzelt oder rund ums Gläserne Studio des SWR. Dort kann man den Radio-Machern ganz nahekommen – so viel Transparenz gibt's sonst sicher nirgends. Rund 350.000 Besucher jährlich nutzen die elf Ausstellungstage, um sich über Neuheiten für Heim und Garten, Haus und Hof zu informieren. 1.400 Aussteller aus allen Himmelsrichtungen und ein reiches Programm sorgen in Mannheim für Ausnahmestimmung und bieten alljährlich rund 20.000 Produkte für nahezu alle Bereiche des täglichen Lebens. Und wenn erst noch Maimarktdienstag ist – der letzte Maimarkttag, dann schließen die meisten Geschäfte in der Innenstadt, die Behörden und Einrichtungen und alles wallfahrtet zum Maimarkt. Das Gefühl kann man nicht beschreiben. Man muss es erleben. Und die Schau hat Tradition, ist eine der ältesten Institutionen Mannheims. Seit der Verleihung der Marktprivilegien am 10. September 1613 durch Pfalzgraf Johann II. von Zweibrücken findet der Maimarkt statt – 2018 zum 405. Mal! Seine Wurzeln hat er an Philippi und Jacobi, dem ersten Dienstag im Mai. Und bis heute ist es so geblieben, ist der Maimarktdienstag der besucherstärkste Tag der gesamten Schau. Die bestand

Haupteingang mit Maimarkt-Logo

von Beginn an genau wie der Michaelismarkt (die heutige Oktobermess) aus einer Kombination von Schaubuden und Verkaufsständen sowie Vieh- und Pferdemärkten. Und bis heute spielen vor allem die Pferde zum Maimarkt eine wichtige Rolle. Seit 1830 waren es parallel zum Maimarkt große Pferderennen, heute ist es das traditionelle Reitturnier. 2013 fand es zum 50. Mal statt. Hier versammeln sich die Größen des deutschen und internationalen Reitsports und sie bringen ihre vierbeinigen Berühmtheiten mit, um sich aneinander zu messen. Gleich zwei Turnierplätze stehen zur Verfügung. Die Springsportfans fiebern der „Badenia", dem großen Preis von MVV Energie entgegen, während sich die Dressurliebhaber auf den Grand Prix und die Grand-Prix-Kür freuen. Und wenn der Maimarktdienstag gelaufen ist, ist die Vorfreude auf den nächsten Maimarkt gewiss. Und der kennt kein Alter.

MANNHEIMS GRÜNE LUNGEN

Gemeinsam mit dem westlich des Bellenkrappens (Pappelgraben) gelegenen Waldpark hat die Reißinsel eine 275 Hektar große Fläche. Sie ist nicht durch Dämme geschützt und wird somit bei Hochwasser regelmäßig vom Rhein überflutet. Das 100 Hektar große Landschaftsschutzgebiet ist einer der bedeutendsten Vogelruheplätze in der Rheinebene. Zu verdanken ist dies vor allem Carl Reiß, dessen Namen die einstige Fasaneninsel heute trägt. Seine westliche Grenze bildet der Rhein, die östliche Grenze bildet der sogenannte Bellenkrappen. Tatsächlich hatte die allein rund 100 Hektar große Reißinsel mehrfaches Glück. Die ersten Eingriffe wären um ein Haar mit Tullas Rheinkorrektur im 19. Jahrhundert entstanden, die den Strom zu einer Schnellstraße der Binnenschifffahrt machten. Doch Tullas geplanter rund sechs Kilometer langer Durchstich bei

Neckarau unterblieb. Der zweite noch kühnere Plan sah 1881 die Einrichtung einer Ziegelei auf dem Eiland hinter dem Bellenkrappen vor. Carl Reiß und Simon Hartogensis hatten dieses Vorhaben beabsichtigt, doch gelang es Reiß, die Insel als Alleineigentümer zu erwerben. Seit dem Jahr 1900 veranstaltete er dort Kinderfeste und verfügte 1911 in seinem Testament, dass die Insel möglichst im jetzigen Zustand zu erhalten sei und der öffentlichen, allgemeinen Nutzung unentgeltlich übergeben werden solle. Zu den beliebtesten Naherholungsgebieten der Stadt gehört der Käfertaler Wald im Norden der Stadt. Von den 1.140 Hektar auf dem Gebiet des Landes Baden-Württemberg gehören 767 zum Stadtwald. Unmerklich geht das dichte Waldgebiet nach Hessen über, reicht bis Lampertheim und Lorsch bzw. Viernheim und ist für ausgedehnte Wanderungen und Radtouren sehr beliebt. Im Stadtteil Gartenstadt führt die Karlsternstraße zum beliebten „Karlstern", der an den barocken Jagdstern des Kurfürsten Carl Theodor erinnert. Dieser ließ zwischen 1742 und 1745 von hier aus strahlenförmig sechs

Mobil unterwegs in der Metropolregion Rhein-Neckar

Allen anlegen und für seine Parforcejagden errichten. Im Schnittpunkt der Alleen befand sich ein Jagdhaus – heute ersetzt durch einen schlichten offenen Pavillon. 1960 legte die Stadt entlang der Wasserwerkstraße ein Wildgehege an, in dem man Bisons, Dam- und Rehwild, Hirsche und Rotwild sowie Wildschweine finden kann. Ein großer Spielplatz, der beliebte Ententeich und nicht zuletzt der Vogelpark laden zum Verweilen ein. Seit 1975 ist der Karlstern Landschaftsschutzgebiet. Große Teile des Waldes sind zudem Trinkwasserschutzgebiet. Das zugehörige, 1886 bis 1888 entstandene Wasserwerk findet man an einer der Karlsternalleen. 40 Prozent des Mannheimer Wassers werden hier gefördert, stündlich etwa 3.000 Kubikmeter. Die übrigen 60 Prozent des Mannheimer Trinkwassers liefert das Wasserwerk Rheinau im Süden der Stadt.

RUND UMS BAROCKSCHLOSS

Die an der höchsten Stelle der Stadt errichtete Dreiflügelanlage des Barockschlosses beeindruckt als eine der größten Schlossanlagen Europas durch ihre Superlative. Längst ist hier die „Schloss-Uni" zu Hause und sorgt für Leben! In der Oberstadt, deren nördliche Grenze die Planken bilden, sind die einstmals höfischen Gebäude, Kirchen und Adelspalais zu finden. Im Zeughaus C 5 schlägt das Herz der Reiss-Engelhorn-Museen. Zum Rhein hin laden Rheinpromenade und Waldpark zum Entspannen ein.

siehe große Karte S. 22/23

SEHENSWERTES

Grupello-Pyramide Die Göttin der Wahrheit mit der strahlenden Sonne sitzt ganz oben! S. 25 2

Jesuitenkirche Schöne Gottesdienste im Ambiente der Kurfürstenzeit – ein Ort, um innezuhalten. S. 32 10

Palais Bretzenheim Mannheims intimstes Barocktreppenhaus führt heute in einen Gerichtssaal. S. 35 12

Barockschloss Superlative außen, höfische Pracht innen, Studierende ringsum. Eine der schönsten Schloss-Unis in Deutschland. S. 37 15

GASTRONOMIE

Restaurant C-Five Ein leckerer Espresso im Sommer im herrlichen Kugelgarten. S. 120 7

Eis Fontanella Dario Fontanellas Spaghetti-Eis als Markenzeichen. S. 120 15

Gasthaus am Fluss Den Rhein stets im Blick haben und dabei genießen. S. 120 16

EINKAUFEN

Bücher Bender Älteste Mannheimer Buchhandlung, familiengeführt und am Puls der Zeit. S. 125 2

Chocolat Noir Eine süße Sünde darf es schon sein. S. 126 7

Engelhorn Da kommt weder Mann noch Frau vorbei. S. 126 9

ÜBERNACHTUNG

Jugendherberge Mannheim International Warum ist es am Rhein so schön …? S. 130 7

Speicher 7 Den Rhein nie aus dem Blick verlieren. S. 130 10

KULTUR UND FREIZEIT

rem Das Zeughaus ist ein wahres Eldorado der Kunst, Entkommen nahezu aussichtlos. S. 133 1

Oststadttheater Eintauchen in die Welt der Mannheimer Sprache. Ungeübte lernen schnell. S. 135 14

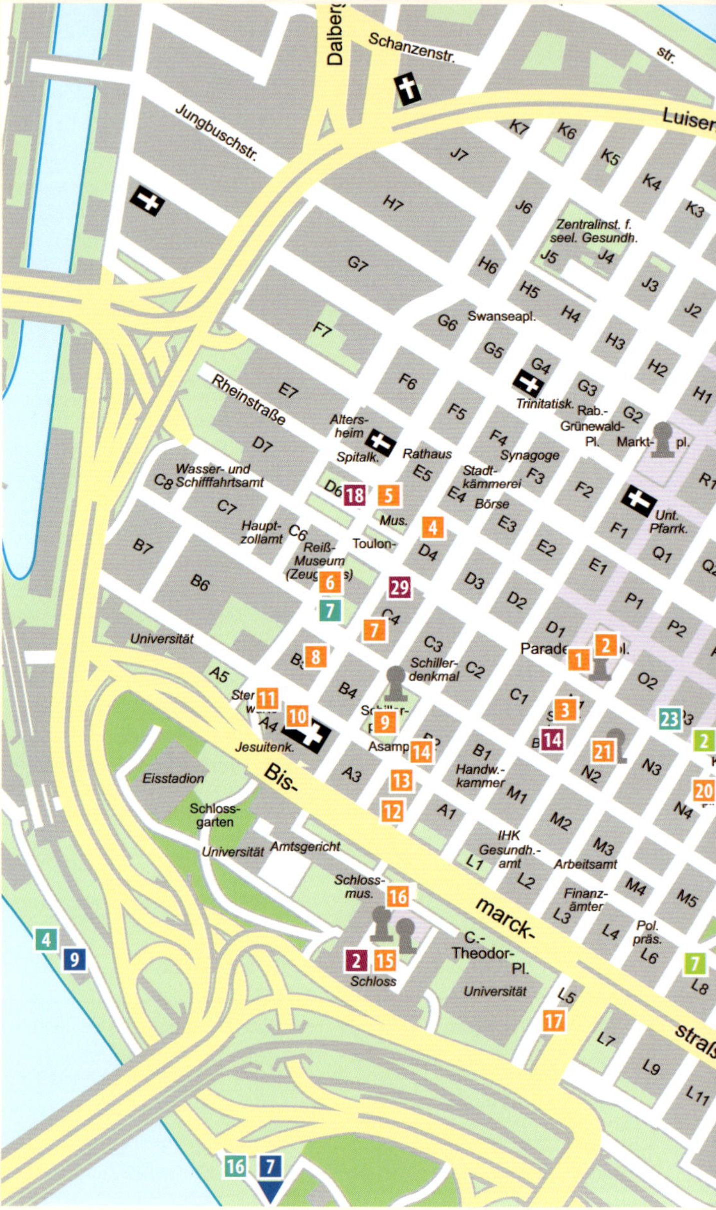
Dalberg
Schanzenstr.
Luisen
Jungbuschstr.
K7
K6
K5
K4
K3
J7
J6
Zentralinst. f. seel. Gesundh.
J5
J4
J3
J2
H7
G7
H6
H5
H4
H3
H2
H1
Swanseapl.
G6
F7
G5
G4
G3
G2
Trinitatisk.
Rab.-Grünewald-Pl.
Markt-pl.
Rheinstraße
E7
F6
F5
F4
Synagoge
Alters-heim
Spitalk.
Rathaus
D7
Wasser- und Schifffahrtsamt
C8
E5
Stadt-kämmerei
F3
F2
R1
D6
18
5
E4
Börse
Unt. Pfarrk.
C7
Mus.
4
E3
F1
Haupt-zollamt
C6
Toulon-
B7
Reiß-Museum
D4
E2
Q1
Q2
B6
6
29
D3
E1
P1
7
7
D2
P2
Universität
C4
C3
D1
Parade
2
1
A5
8
Schiller-denkmal
C2
O2
B4
C1
3
23
Ster
11
10
A4
9
B
14
2
Jesuitenk.
Asamp
14
B1
21
N3
Bis-
A3
Handw.-kammer
N2
13
M1
20
Eisstadion
N4
Schloss-garten
12
A1
M2
IHK
Gesundh.-amt
M3
Universität
Amtsgericht
L1
Arbeitsamt
L2
M4
M5
Schloss-mus.
16
Finanz-ämter
marck-
L3
L4
Pol. präs.
4
C.-Theodor-Pl.
L6
9
2
15
7
Schloss
L8
Universität
L5
17
L7
straß
L9
L11
16
7

SEHENSWERTES

1 Paradeplatz S. 25
2 Grupello-Pyramide S. 25
3 Stadthaus S. 26
4 Städtisches Leihamt S. 27
5 rem – Museum Weltkulturen S. 27
6 rem – Museum Zeughaus S. 28
7 Palais Cunzmann S. 31
8 literaturforum SchillerHaus S. 31
9 Schillerplatz S. 32
10 Jesuitenkirche S. 32
11 Sternwarte S. 34
12 Palais Bretzenheim S. 35
13 Ehem. Stadtpalais Lanz S. 37
14 Ehem. Darleihkasse S. 37
15 Barockschloss S. 37
16 Schlosskirche S. 39
17 Millionenviertel S. 41
18 Lauersche Gärten S. 41
19 Siemenshaus S. 41
20 Kapuzinerplatz S. 43
21 Dalbergplatz/Dalberghaus S. 43

GASTRONOMIE

4 Marly S. 119
6 Restaurant Opus V S. 119
7 Restaurant C-Five S. 120
12 Indian Palace S. 120
15 Eis Fontanella S. 120
16 Gasthaus am Fluss S. 120
23 Café CaT Coffee and Tea S. 121

EINKAUFEN

2 Bücher Bender S. 125
7 Chocolat Noir S. 126
9 Engelhorn S. 126

ÜBERNACHTUNG

7 Jugendherberge S. 130
9 Speicher 7 S. 130

KULTUR UND FREIZEIT

2 Schlossmuseum S. 133
14 Oststadttheater S. 135
18 Kabarett Dusche S. 136
21 CinemaxX S. 136
29 Galerie Zephyr S. 137

1 PARADEPLATZ S. 23

Das Herz Mannheims schlägt am Paradeplatz, dem Schnittpunkt von Breiter Straße und Planken. Getreu seinem Namen diente er ursprünglich für Paraden des kurpfälzischen Militärs und für repräsentative Zwecke. Sein Name wird erstmals 1735 in der Funktion eines zentralen Alarmplatzes erwähnt. Ursprünglich gehörte der Paradeplatz zur Festung Friedrichsburg. Kurfürst Johann Wilhelm hatte nach deren Schleifung verfügt, den Platz unbebaut zu lassen. Durch die Anlage des Kaufhauses in N 1 (heute Stadthaus) sollte das Gelände in O 1 als „Neuer Markt" genutzt werden. Tatsächlich diente der Ort seit dem 18. Jahrhundert teilweise als Messplatz und erfreute sich bis Ende der 1970er Jahre als Weihnachtsmarkt großer Beliebtheit. Der Platz selbst war von einer niedrigen Mauer umgeben und in seiner Mitte fand sich die Pyramide. Mit der gärtnerischen Umgestaltung erhielt der Paradeplatz Ende des 19. Jahrhunderts den Charakter einer Schmuckanlage, die 1993 vereinfacht wiederhergestellt wurde. Eine kleine unscheinbare Gedenktafel am Gebäude D 1, 4–8 (Warenhaus C&A) erinnert an das traditionsreiche, 1943 zerstörte Gasthaus „Pfälzer Hof", das sich an der südwestlichen Ecke Paradeplatz/Planken befand. Hier wohnten 1777 Wolfgang Amadeus Mozart und seine Mutter Maria Anna.

◀ Glanzvolles Barock:
Grupello-Brunnen und -pyramide auf dem Paradeplatz

2 GRUPELLO-PYRAMIDE S. 23

Inmitten des Paradeplatzes erhebt sich seit 1743 auf einem steinernen Unterbau die Grupello-Pyramide. Auftraggeber war Kurfürst Johann Wilhelm, der seinen Hofbildhauer Gabriel de Grupello (1644–1730) damit beauftragt hatte. Um 1714/15 wurde das Werk, das für den Düsseldorfer Hofgarten bestimmt war, dort gegossen. Johann Wilhelms Nachfolger Kurfürst Carl Philipp ließ es 1738 nach Mannheim bringen und beauftragte Alessandro Galli da Bibiena (1686–1748), dafür einen Sockelunterbau herzustellen, während Hofbildhauer Paul Egell (1651–1752) mit der Herstellung der Brunnenschalen und Brunnenfiguren betraut wurde. Die Pyramide thematisiert den Triumph der fürstlichen Tugenden über die Laster und den Sieg der Wahrheit über die Zeit. Das Denkmal baut sich in drei sogenannten Ringen auf. Ganz unten sitzen die vier Kardinaltugenden Weisheit, Mäßigkeit, Gerechtigkeit und Tapferkeit auf thronartigen Podesten. Dazwischen finden sich derbe, kräftige und von munteren Kindergestalten umgebene Männergestalten, die die Tageszeiten und Himmelsrichtungen symbolisieren. Der zweite Ring zeigt auf vier Eckpfeilern kriegerische Embleme, darunter das janusköpfige Dop-

Stadthaus N 1

pelhaupt als Symbol des Beginns und Endes der kriegerischen Auseinandersetzungen. Der oberste Ring ist – ein wirres Knäuel von Mensch und Tieren darstellend – den menschlichen Leidenschaften sowie Gier, Zorn und Völlerei gewidmet, über denen Herkules die Keule schwingt, um Hydra zu seinen Füßen zu zerschmettern. Oben thront die Göttin der Wahrheit mit der strahlenden Sonne in ihrer rechten Hand, und die geflügelte Fama verkündet den Sieg des Heldentums über Zwietracht und Laster und der Wahrheit über Falschheit und Lüge.
Paradeplatz

3 STADTHAUS S. 23

An Stelle des kriegszerstörten Alten Kaufhauses in N 1 schuf Carlfried Mutschler zwischen 1987 und 1991 das heutige Stadthaus. Es nimmt die Mannheimer Dreigliedrigkeit mit dem zentralen Turm und zwei symmetrisch errichteten Bauteilen zu beiden Seiten auf, die schon das kriegszerstörte barocke Kaufhaus aufwies. Diese Dreigliedrigkeit findet sich ebenso beim Alten Rathaus (S. 49) und der Konkordienkirche (S. 51). Mutschler zitierte das Vorbild, ohne es zu kopieren. Zu beiden Seiten legte er offene Arkaden und Ladengeschäfte im Erdgeschoss. Dazu schuf er mit dem Rats- und dem Bürgersaal Anklänge an die alte Struktur im Inneren, denn von 1903 an tagte hier der Mannheimer Stadtrat. Seit 1991 ist der Stadtrat hier „zu Hause". An Stelle des Bürgersaals entstand 2014 eine neue Heimstatt für das „Oststadt Theater". Nun finden sich Politik und Kultur Tür an Tür.
Oststadt Theater • N 1, 1 • Tel.: 0621 16060 • www.oststadt-theater.de

Ungeahnte Blicke auf das Museum Weltkulturen

4 STÄDTISCHES LEIHAMT S. 23

In D4, 9–10 hat seit 1990 das Städtische Leihamt eine repräsentative Adresse. Es ist das größte deutsche kommunale und wohl auch prächtigste seiner Art. Das Gebäude entstand 1900/01 im Stil eines Stadtpalastes der italienischen Hochrenaissance für die damalige Süddeutsche Bank (später: Deutsche Bank). Die Entwürfe lieferte das Mannheimer Architekturbüro von Philipp Jelmoli (1847–1909) und Karl Blatt (1849–1905). Der Merkur im Bogenfeld über dem Portal der Fassade wies bereits auf den inneren Zweck des Hauses hin. Dort überrascht das als Lichthof gestaltete Treppenhaus mit seinen gusseisernen Geländern und Gittern.

D4, 9–10 • Tel.: 0621 120130 • www.leihamt-mannheim.de • Mo.–Fr. 9–17 Uhr

5 REM – MUSEUM WELTKULTUREN S. 23

TOP-TIPP

Im Quadrat D5 konnte nach vierjähriger Bauzeit 1988 der Neubau der archäologischen und völkerkundlichen Sammlungen des Reiss-Museums, dem heutigen „Museum Weltkulturen" der Reiss-Engelhorn-Museen (rem) eingeweiht werden. Das Gebäude von Carlfried Mutschler und Joachim Langner deutet bereits durch seine nach Entwürfen des Künstlers Erwin Bechtold geschaffenen künstlich-ruinösen Wandaufbrüche auf der Planken- und der Zeughausseite den inneren Zweck an, während die Quadratestruktur des getönten Fensterglases und der hellen Kalksteinplatten die Stadtstruktur der Quadrate aufgreift. Die Sammlung, die im Kern auf Kurfürst Carl Theodor und dessen Sammelleidenschaft zurückreicht, vereint heute über 40.000 Exponate aus fünf Kontinenten.

Zum Rathaus in E 5 hin findet sich mit dem Scherbenbrunnen eine Anspielung auf die im Gebäude präsentierten Ausgrabungen und Scherbenfunde. Der Brunnen vereint einige Fundstücke der Baugrube D 5 und Goethes berühmtes Zitat aus „Hermann und Dorothea": „Darum hab ich gewünscht, es solle sich Hermann auf Reisen Bald begeben und sehen zum wenigsten Straßburg und Frankfurt Und das freundliche Mannheim, das gleich und heiter gebaut ist."

Reiss-Engelhorn-Museen • Museum Weltkulturen D 5 • Tel.: 0621 2933150 • www.rem-mannheim.de/museen-in-mannheim/museum-weltkulturen • Di.–So. 11–18 Uhr • Führungsbuchungen unter Tel.: 0621 2933771

6 REM – MUSEUM ZEUGHAUS S. 23

TOP-TIPP

Das einstige Zeughaus in C 5 entstand 1777/78 als letzter Monumentalbau der Kurfürstenzeit in Mannheim. Es gehört zu den bedeutendsten Bauwerken des Frühklassizismus in Deutschland und wurde nach Plänen des Hofbildhauers und Direktors der kurfürstlichen Zeichnungsakademie Peter Anton von Verschaffelt (1710–1793) errichtet. Der Neubau war notwendig geworden, nachdem das alte kurfürstliche Waffenarsenal im Schütthaus in B 3 für die Zwecke des Nationaltheaters umgebaut wurde. Die streng gegliederte Sandsteinfassade, die auf rechteckigem Grundriss die gesamte Grundstücksbreite zum heutigen Toulonplatz einnimmt, erinnert in ihrem Aussehen an einen italienischen Palazzo, ohne dass ein entsprechendes Vorbild nachzuweisen wäre. Die Bauplastik, darunter auch die Kriegstrophäen des Ziergiebels, schuf Johann Matthäus van den Branden (1716–1787). Das Innere des Zeughauses fiel 1901 an die Stadt, die hier zunächst eine Gewerbehalle einrichtete. Von 1908 an diente der Bau teils musealen Zwecken. 1957 fanden hier die Städtischen Sammlungen des vormaligen Schlossmuseums als „Städtisches Reiss-Museum" ein neues Zuhause. Bauliche Mängel führten 2004 zu Schließung und Generalsanierung. Am 24. Januar 2007, pünktlich zum 400-jährigen Stadtjubiläum, wurde das Haus als „Museum Zeughaus" der Reiss-Engelhorn-Museen mit 6.000 Quadratmetern Ausstellungsfläche wiedereröffnet.

Auf der Gebäuderückseite schließt sich der sogenannte Kugelgarten mit dem parallel zum Zeughaus gelegenen Hofgebäude an. Hellebardenartige Einfriedungen begrenzen das Grundstück nach C 4 und C 6. In ihrer Mitte ermöglichen zwei schmiedeeiserne Portale den

▶ Einladendes Museum – Kultur pur im Museum Zeughaus

BAROCK
Nur schöner Schein?
BAROCK
Nur schöner Schein?

Die Planken nach Westen mit der Hauptpost (links)

Zugang von den Seitenstraßen. Beide sind mit den kurfürstlichen Initialen CT für Carl Theodor und dem Kurhut geschmückt. Zwei barocke Schilderhäuschen schließen das Grundstück an der südwestlichen und südöstlichen Gebäudeecke ab.

DIE PLANKEN

Entlang der Haupteinkaufsstraße, die bundesweit zu den Top-Lagen gehört, reihen sich Kaufhäuser, (Edel-)Boutiquen und Cafés in einer lebendigen Mischung, die Jung und Alt, Einheimische und Besucher zum Verweilen einlädt. Die Planken liegen zwischen den O- und P-Quadraten und reichen vom Schnittpunkt Friedrichsring/Kaiserring bis zum Paradeplatz. Eigentlich gehört auch der Bereich zwischen den D- und E-Quadraten hinzu, also vom Paradeplatz bis zum Schnittpunkt Luisenring/Parkring. Für die Mannheimer sind das aber die verlängerten Planken. Tatsächlich entstanden die Planken auf dem unbebauten Areal zwischen Festung Friedrichsburg und Bürgerstadt. Mit der Aufgabe der Zitadelle Friedrichsburg wurden die Planken, neben der Breiten Straße als Längsachse, zur wichtigsten Querachse der Stadt. Die Quadrate, die im 17. Jahrhundert gegenüber des Festungssterns lagen, sind schmaler als die übrigen, was dazu führte, dass sich bei der Ausweitung des Quadratesystems im 18. Jahrhundert bei P 5 und P 6 bzw. E 5 und E 6 die „engen Planken" bildeten. Den alten Mannheimern zufolge musste hier ein Hund senkrecht mit dem Schwanz wedeln, wenn er sie durchqueren wollte. Während sich am östlichen Ende von P 5 ehemals der Strohmarkt befunden hatte, entwickelte sich am westlichen Ende von E 5 der Fruchtmarkt.

Die Planken nach Osten mit dem Weltstadthaus von P&C

Reiss-Engelhorn-Museen • Museum Zeughaus C5 • Tel.: 0621 2933150 • www.rem-mannheim.de/museen-in-mannheim/museum-zeughaus • Di.–So. 11–18 Uhr • Führungsbuchungen unter Tel.: 0621 2933771

7 PALAIS CUNZMANN S. 23

Das barocke Palais Cunzmann in C4, 9 ist seit 2003 Sitz der Museumsverwaltung der Reiss-Engelhorn-Museen und des Curt-Engelhorn-Zentrums für Kunst und Kulturgeschichte. Bauherr des 1751 bis 1765 auf zwei Grundstücken entstandenen Hauses war der Geheime Staatsrat von Cunzmann. Der zweigeschossige Putzbau mit seinem zentralen Korbbogenportal trägt in seinem bekrönenden Dreiecksgiebel noch eine zierliche Rokokokartusche mit Blattranken. Bis zur Zerstörung im Zweiten Weltkrieg führte eine reich geschnitzte Rokokotür ins Innere, das durch seine Ausstattung mit Rokokostuckdecken und solchen des Louis-seize bestach. Beim Wiederaufbau blieb lediglich die Fassade erhalten, während das Innere für eine Bank völlig verändert wiedererrichtet wurde.

8 LITERATURFORUM SCHILLERHAUS S. 23

ENTDECKER-TIPP

Das „literaturforum SchillerHaus“ der Reiss-Engelhorn-Museen in B5, 7 besticht durch eine sehenswerte Ausstellung über Friedrich Schiller. Es liegt nur unweit vom Standort des alten Nationaltheaters (B3). Schiller lebte in seiner Mannheimer Zeit in verschiedenen Häusern, doch seine letzte Wohnung lag wohl im Hölzel'schen Hause in B5, 8, in unmittelbarer

Schillers Denkmal – heute einziges Relikt am Theaterstandort B 3

Nachbarschaft des heutigen Museums. Das barocke Gebäude liegt versteckt in einem Hinterhof und hat als eines der wenigen die Zerstörungen des Zweiten Weltkriegs überdauert.

Reiss-Engelhorn-Museen • Schillerhaus B5, 7 • Tel.: 0621 2933150 • www.rem-mannheim.de/museen-in-mannheim/literaturforum-schillerhaus • Di.–Fr., nur für Gruppen mit Voranmeldung

9 SCHILLERPLATZ S. 23

Durch die „Kalte Gasse" gelangt man zu einer grünen innerstädtischen Oase – dem Schillerplatz in B 3. Hier befand sich bis zur Zerstörung am 5./6. September 1943 das alte Mannheimer Nationaltheater. Es nahm rund die Hälfte des Quadrats B 3 ein. Der langgestreckte, rechteckige Bau war 1739 als Schütthaus (kurfürstlicher Frucht- und Kornspeicher) entstanden, wurde 1775/76 von Kurfürst Carl Theodor zum Nationaltheater umgebaut und 1778 als Spielstätte deutscher Werke eröffnet. Der erste Intendant war Wolfgang Heribert von Dalberg. August Wilhelm Iffland wirkte hier als Dramaturg und Schauspieler, und Friedrich Schiller durfte hier am 13. Januar 1782 seine revolutionären „Räuber" uraufführen. Sie machten ihn schlagartig bekannt und brachten nationales Aufsehen. Alle drei – Dalberg, Iffland und Schiller – standen seit dem 19. Jahrhundert in Bronze gegossen auf dem gärtnerisch gestalteten Grünstreifen vor dem Theater. Allein Schillers Denkmal ist geblieben, wenngleich heute an anderer Stelle. Es entstand nach einem Entwurf von Karl Cauer in der Werkstatt von Ferdinand von Miller. An der Platzostseite erinnert der Barockbau der einstigen Gastwirtschaft „Zum Zwischenakt" in B2, 12 an die kulturelle Vergangenheit des Ortes.

10 JESUITENKIRCHE S. 23

TOP-TIPP

Die Jesuitenkirche St. Ignatius und Franz Xaver gilt nach Georg Dehio als bedeutendster Barockkirchenbau Südwestdeutschlands. Das größte, rund 3.000 Menschen fassende Mannheimer Gotteshaus verdankt seine Entstehung dem

► Grüne Lunge in der Oberstadt: Schillerplatz und Jesuitenkirche

Prachtvolles Barock – Blick zum Hochaltar

Kurfürsten Carl Philipp, unter dem die Jesuiten in Mannheim Einzug hielten. Planung und Ausführung lagen beim kurfürstlichen Oberbaudirektor Alessandro Galli da Bibiena. Die Arbeiten begannen 1733, wurden 1749 durch Hofbaumeister Franz Wilhelm Rabaliatti im Rohbau vollendet und 1760 unter der Bauleitung von Oberbaudirektor Nicolas de Pigage abgeschlossen. Die bedeutendsten künstlerischen Arbeiten gehen auf Hofbildhauer Paul Egell und seinen Nachfolger Peter Anton von Verschaffelt zurück. Egid Quirin Asam schuf Stuckaturen und die im Krieg zerstörten Deckenmalereien. 1992 bis 1996 erhielt die Jesuitenkirche, nach schweren Kriegsschäden, mit den beiden Egell'schen Hoflogen und dem ab 1997 vollendeten Hochaltar ihr barockes Herz zurück. Der einst als große Hofkirche konzipierte Bau ist heute Sitz des katholischen Stadtdekans und Zentrum der Seelsorgeeinheit Mannheim-City.

Pfarr- und Dekanatsbüro an der Jesuitenkirche • A 4, 2 • Tel.: 0621 127090 • www.jesuitenkirche.de • Kirche: tägl. 9–19 Uhr

11 STERNWARTE S. 23

Die Sternwarte in A 4, 6 ließ Kurfürst Carl Theodor 1772 bis 1774 für seinen Hofastronomen, Jesuitenpater Christian Mayer (1719–1783) durch Johann C. Lacher und Franz Wilhelm Rabaliatti errichten. Sie blieb bis 1880 bestehen. Seit 1898 befindet sie sich auf dem Heidelberger Königstuhl. Erste astronomische Untersuchungen hatte Mayer auf der Behelfssternwarte des Schwetzinger Schlosses gemacht. Auf seinen Entwurf hin entstand der fünfgeschossige, 33 Meter hohe Bau auf achteckigem Grundriss hinter der Jesuitenkirche. Portal, Fenster und Balkone tragen bereits die Formen des Louis-seize-Stils. In der Turmmitte – durch die Galerie nach außen gut wahrnehmbar – befand sich der sogenannte große und unterhalb der Plattform der kleine Beobachtungssaal. Die Plattform selbst trug ursprünglich ein kleines mit einem drehbaren Dach versehenes Observatorium. Die Sternwarte genoss unter Mayer europäischen Ruf. In badischer Zeit diente sie als trigonometrischer Punkt der 1820 aufgenommenen Landesvermessung. Die astronomischen Geräte finden sich heute in der Ausstellung des Mannheimer Technoseums (S. 78).

Turm von außen zu besichtigen

12 PALAIS BRETZENHEIM S. 23

Das Palais Bretzenheim in A2, 1 entstand 1782 bis 1788 nach Plänen von Peter Anton von Verschaffelt (1710–1793) in unmittelbarer Nachbarschaft des Schlosses für die außerehelichen Kinder Kurfürst Carl Theodors. Josefa Seiffert hatte als Figurantin des Opernballetts Aufsehen erregt und wurde 1765 die kurfürstliche Geliebte. 1767 wurde ihr der persönliche Adelstitel „Heydeck" verliehen und die Kinder 1768 in den erblichen Grafen- und 1774 in den Reichsfürstenstand erhoben. Von der reichen Innenausstattung ist nach der Kriegszerstörung nur das Treppenhaus wiederhergestellt worden. Die Architekturdekorationen, Trophäen und antikischen Bildnisse stammen von Hofstuckateur Giuseppe Pozzi. Das Treppenhaus

Unweit des Barockschlosses: das Palais Bretzenheim

selbst gilt als ein Hauptwerk des deutschen Frühklassizismus. Heute ist der Bau Teil des Amtsgerichts Mannheim.

13 EHEM. STADTPALAIS LANZ S. 23

Das Stadtpalais Lanz in A 2, 6–7 ist heute Teil der katholischen St. Hedwig-Klinik. Das um 1895 entstandene Gebäude wurde 1909 erweitert und diente nach dem Tode des Fabrikanten Karl Lanz dessen Frau Julia als Witwensitz. Julia Lanz hatte den Aufstieg der Firma ihres Mannes zu einem weltweit führenden Wirtschaftsunternehmen aktiv begleitet. Als Mäzenin eröffnete sie 1907 das Heinrich-Lanz-Krankenhaus auf dem Lindenhof und unterstützte unter anderem das Hof- und Nationaltheater und die Mannheimer Handelshochschule. Als erste Frau erhielt sie 1910 die Mannheimer Ehrenbürgerwürde.

14 EHEM. DARLEIHKASSE S. 23

Eine steinerne Chronik zum 300-jährigen Stadtjubiläum 1907 erhielt das 1906/07 errichtete Eckhaus der Darleihkasse in B 2, 1. Architekt Georg Anton Karch erbaute das außerordentlich bemerkenswerte, reich verzierte, dreigeschossige Eckhaus in den Formen eines Patrizierhauses der Neorenaissance. Die Bildhauer Christian Elsässer und Walter Kollmar schufen auf sechs Sandsteinreliefs eine steinerne Chronik der Stadt von der Grundsteinlegung der Festung durch Kurfürst Friedrich IV., Empfang der eingewanderten Wallonen durch Kurfürst Carl Ludwig, Bau des Kaufhauses N 1, der Blüte von Kunst und Wissenschaft unter Kurfürst Carl Theodor, der Einweihung des Rheinhafens sowie der wirtschaftlichen Situation im 19. Jahrhundert. Zwei Porträtbüsten Kollmars zeigen den Pfälzer Kurfürst Carl Theodor und den badischen Großherzog Friedrich I.

Besichtigung nur außen

◀ Verschlungene Initialen am Portal des Stadtpalais Lanz

15 BAROCKSCHLOSS S. 23

TOP-TIPP

Das Mannheimer Schloss, die Krone der Kurpfalz, liegt an der höchsten Stelle der Stadt. Die barocke Dreiflügelanlage in zartem Gelb und dem Rot des Sandsteins beeindruckt als eine der größten Barockanlagen Europas durch ihre Superlative. Die 440 Meter lange Stadtfront fasst nicht weniger als sieben Parallelstraßen zusammen und beherrscht die Stadt nach Süden. Es entstand dort, wo sich von 1606 bis zu ihrer Zerstörung im Pfälzischen Erbfolgekrieg (1689–1697) die unter Kurfürst Friedrich IV. von der Pfalz (1574/1592–1610) gegründete Zitadelle Friedrichsburg befunden hatte. Bauherr des Barockschlosses war Kurfürst Carl Philipp von Pfalz-Neuburg. Er

Barockschloss Mannheim – Mittelbau des Corps de logis

begann 1720 das gewaltige Bauvorhaben. Sein Nachfolger Kurfürst Carl Theodor schloss es 1760 ab. Mannheim gilt als eine der erfolgreichsten Residenzgründungen im Deutschland des 18. Jahrhunderts. Der Hof verfügte über eine Schlosskirche samt eigener Grablege, ein Hofkloster samt zugehöriger großer Hofkirche, Opernhaus, Hofbibliothek, Gemäldegalerie, Münzkabinett, Naturaliensammlung, Akademie der Künste, Antikensammlung, die 1763 gegründete Akademie der Wissenschaften, einen botanischen Garten, Sternwarte, Ballhaus und Reitschule. Vier Architekten sind mit dem Schlossbau verbunden: Louis Remy de la Fosse (um 1659–1726) mit ersten Planungen; Johann Caspar Herwarthel (1675–1720) bestimmte die innere und äußere Aufteilung. Ihm folgten Johann Clemens Froimon (um 1686–1741) und der Robert de Cotte-Schüler Guillaume d'Hauberat († 1749). Unter Letzterem wurden die zentralen Räume von Haupttreppenhaus und Rittersaal im turmartig bekrönten Mittelbau vollendet. Die große Zeit des Mannheimer Musenhofes, der Künstler und Literaten wie Mozart oder Voltaire angezogen hatte, endete 1778 mit Carl Theodors Übersiedlung nach München. Erst mit Stephanie von Baden, Adoptivtochter Napoleons I., kehrte Anfang des 19. Jahrhunderts bescheidener Glanz zurück. Von 1819 bis 1860 lebte sie als Witwe mit kleinem Hofstaat im Schloss. Der mittlerweile wieder gepflasterte Ehrenhof wurde in eine Grünanlage verwandelt und das prächtige barocke Ehrenhofgitter mit Büschen und Sträuchern bepflanzt. Von 1926 bis zu seiner

Blick auf Ehrenhofwestflügel, Westflügel und Jesuitenkirche

Zerstörung im Zweiten Weltkrieg wurde das Schloss von Behörden und teilweise als Städtisches Schlossmuseum genutzt. 1947 begann der Wiederaufbau für Behördenzwecke und die damalige Wirtschaftshochschule. 2007 erhielt das Corps de Logis ein neues Schlossmuseum und die Ausstellung „Kunst und Kultur am Mannheimer Hof".

Bismarckstraße 10 • Tel.: 06221 658880 (Service-Center) und 0621 2922891 (Besucherzentrum) • www.schloss.mannheim.de • Di.–So. 10–17 Uhr • Führungen: Sa./So. stündlich

16 SCHLOSSKIRCHE S. 23

Lohnenswert ist der Besuch der heute Alt-Katholischen Schlosskirche. Das Gotteshaus entstand als erster Bauteil des Schlosses und

TIPP Die Mannheimer Prunkstiege Die Mannheimer Prunkstiege gehört zu den größten Treppenanlagen des deutschen Schlossbaues. Das Herz der Residenz bildet der zweigeschossige 24 mal 15 Meter große Rittersaal. Er verdankt seinen Namen den hier abgehaltenen Ordenskapiteln des pfälzischen Hubertusritterordens. Das zentrale Deckenfresko zeigt die Hochzeit des Peleus und der Thetis, zu deren Hochzeitsmahl die Götter des Olymps geladen sind. Der Herrschaftsanspruch wird durch eine Ahnengalerie unterstrichen, die mit Ruprecht III. beginnt und mit Philipp Wilhelm in der oberen Reihe endet und durch zwei Porträts von Johann Wilhelm und seines Bruders und Residenzgründers Carl Philipp über den Kaminen ergänzt wird.

wurde am 13. Mai 1731 geweiht. Der Außenbau geht im Wesentlichen auf Froimon zurück. Das Innere erhielt durch Hauberat eine Ausstattung im französischen Geschmack. Unter dem Altar befindet sich die Gruft des Schlosserbauers und seiner dritten zur linken Hand angetrauten Gemahlin Violante Theresia von Thurn und Taxis (1683–1734). Der Prunksarg Carl Philipps wurde von Paul Egell geschaffen und ist mit vergoldeten und versilberten Ornamenten reich verziert. Kartuschen an den Seiten zeigen Szenen aus den Türkenkriegen, an denen Carl Philipp teilgenommen hatte.

Schloss Mannheim, Ehrenhof • Führungen nach Vereinbarung unter Tel.: 0621 21363

17 MILLIONEN-VIERTEL

S. 23

Das „Millionenviertel" L 5 erhielt seinen Namen zu Recht. Hier, in unmittelbarer Nachbarschaft zum Schloss, waren ab 1893/94 nach der Niederlegung der Remisengebäude eine Anzahl stattlicher Villen entstanden: L 5, 1 mit der Villa des Zigarrenfabrikanten Emil Mayer, L 5, 2 mit der des Korkfabrikanten Konsul Alois Bender und L 5, 3 mit der Villa des Chemie-Industriellen Paul Giulini. In den Häusern L 5, 4 bis L 5, 6 lebten der Bankier Adolf Goldmann, der Rechtsanwalt Georg Selb und im freistehenden Gebäude zur Bismarckstraße der Unternehmer Heinrich Vögele. Alle Villen und Stadtpalais entstammten den Entwürfen des renommierten Architektenbüros Köchler und Karch als Neogotik-, Neorenaissance- oder Neobarockbauten. Heute werden die Gebäude, in denen sich manches architektonische Detail der Bauzeit erhalten hat, überwiegend von Universitätseinrichtungen genutzt.

◀ Festlicher Zugang zum Rittersaal: die Mannheimer Prunkstiege – Haupttreppenhaus des Schlosses

18 LAUERSCHE GÄRTEN

S. 23

Einen Einblick in die Festungsgeschichte Mannheims bieten die Lauerschen Gärten in M 6. Der Mauerzug zwischen den einstigen Bastionen St. Andreas und St. Jakobus ist heute der letzte oberirdische Rest des berühmten barocken Festungssterns. Nach Schleifung der Festungsanlagen zwischen 1799 und 1801 dehnte sich die Stadt ringförmig aus, wobei auch das neue Quadrat M 6 entstand. 1822 gelangte es an den Handelsmann, Besitzer der Krappmühle, späteren Landtagsabgeordneten und Präsidenten der Handelskammer Friedrich Lauer (1793–1873). Seit 1918 ist die Anlage städtische Grünfläche.

19 SIEMENSHAUS

S. 23

Ein neobarockes Palais mit axialer Zufahrtsstraße könnte man vermuten, wenn man von Süden her auf das Siemenshaus N 7 zuläuft. Es entstand 1921/22 nach Plä-

Rheinpromenade unterhalb des Schnickenlochs

nen des Hausarchitekten der Berliner Siemenswerke Hans Hertlein (1881–1963) an Stelle einer spätklassizistischen Villa als dreiflügeliger Bau um eine Art Ehrenhof. Die vier Vasen auf dem zentralen Altanvorbau von Josef Wackerle haben die Erfindungen Werner von Siemens' zum Thema, die dessen wirtschaftlichen Durchbruch begründeten: (1) galvanische Vergoldung, (2) Zeigertelegraf, (3) dynamo-elektrisches Prinzip und (4) Dynamomaschine. An den Fensterbögen finden sich Darstellungen der Erdteile und der vier Elemente.

TIPP **Rheinpromenade** Mannheim liegt gleich an zwei Flüssen, die ihre Fans haben. Bei Joggern und Sonnenhungrigen ist besonders die Rheinpromenade beliebt. Im Gegensatz zum hektischen Treiben um den nur wenige Meter entfernten Hauptbahnhof geht's hier ruhig und beschaulich zu. Die großen Rasenflächen laden im Sommer zum Picknick oder bloßen Sonnenbaden ein. Wer denkt da noch an Kurfürst Carl Theodor, der diesen Parkteil hat anlegen lassen? Die ersten Impulse stammen von ihm. Auf dem aufgelassenen Gelände der geschleiften Stadtbefestigung ließ er durch den Landschaftsarchitekten Friedrich Ludwig von Sckell einen bis zum Rhein hin offenen Garten entwerfen. 1808 bis 1811 wurde er unter Johann Michael Zeyher als englischer Landschaftsgarten ausgeführt. Er reichte zunächst von der Sternwarte bis zum Schnickenloch (Jugendherberge) und seit 1836 bis zum Waldpark und der Reißinsel. Und die grüne Oase reizt zu der nicht unberechtigten Frage, warum es am Rhein so schön ist …

Zwischen 1988 und 1991 wurde das Siemenshaus für die Staatliche Hochschule für Musik und Darstellende Kunst umgebaut.

Staatliche Hochschule für Musik und Darstellende Kunst Mannheim • N 7, 18 • www.muho-mannheim.de

20 KAPUZINERPLATZ UND KAPUZINERPLANKEN S. 23

Der wohl intimste der historischen Stadtplätze ist der Kapuzinerplatz in N 4 (sogenannter „Gockelsmarkt"). In seiner Mitte erinnert seit Anfang der 1990er Jahre wieder die Kopie einer Nepomukstatue von Bildhauer Paul Egell (1691–1752). Nur unweit entfernt findet man die Kapuzinerplanken O 5/O 6, wo Gerd Dehofs Bronzeskulptur an das „Mannemer Original" des „Blumepeter" (Peter Schäfer) erinnert. Das gleichnamige Fest (am Wasserturm) dient karitativen Zwecken und ist eine feste Institution. Das namensgebende Kapuzinerkloster wurde 1840 abgerissen. Kurfürst Johann Wilhelm (Jan Wellem) hatte den Kapuzinern 1698 die Erlaubnis erteilt, ihr Kloster von Ladenburg nach Mannheim zu verlegen. 1703 wurde hier der Grundstein zur Kirche gelegt, die 1704 vollendet und 1706 geweiht wurde.

21 DALBERGPLATZ UND DALBERGHAUS S. 23

Ein ähnlicher intimer Stadtraum ist der Dalbergplatz N 2 im Herzen des Stadtzentrums. In seiner Mitte erhebt sich heute das von König Ludwig I. von Bayern gestiftete und 1865 bei Ferdinand von Miller in München gegossene Bronzedenkmal für Wolfgang Heribert von Dalberg (1750–1806), Spross einer bekannten Adelsfamilie in Worms, Bruder des Mainzer Kurfürsten und Erzbischofs Karl Theodor von Dalberg und erster Intendant des Mannheimer Nationaltheaters. Als Vizepräsident der Hofkammer hatte er dessen Gründung vorgeschlagen. Dalberg zog junge Schauspieler nach Mannheim, darunter Beck, Beil und Iffland, und landete mit der Aufführung von Schillers Drama „Die Räuber" 1782 seinen größten Erfolg. Von Mozarts Werken wurden während seiner Intendanz sechs Singspiele und Opern aufgeführt.

Mehr als die Fassade seines einstigen Palais in N 3, 4 ist vom barocken Dalberghaus nicht geblieben. Heute sind im Gebäude die Kinder- und Jugend- sowie die Musikbibliothek der Stadtbibliothek untergebracht.

Kinder- und Jugendbibliothek im Dalberghaus • N 3, 4 • Tel.: 0621 2938916 • Di.–Fr. 13–18 Uhr, Sa. 10–14 Uhr

RUND UM DEN MARKTPLATZ

Was wäre Mannheim ohne seinen Marktplatz, das urbane Zentrum der Stadt. Der Duft von frischem Obst, Gewürzen, Milchprodukten und allerlei Gemüse verwandelt den Platz an drei Tagen in eine Oase des Genusses. Im Nordwesten schließt das türkische Viertel „Klein-Istanbul“ an, das teils exotische Waren und Produkte feilbietet. Noch immer lockt die Fressgasse Besucher an, denn auch hier kann man genießen: Feinkost, Schokoladen und Pralinen; und wer zu viel gefuttert hat, nimmt im Herschelbad eine Auszeit!

siehe große Karte S. 46/47

SEHENSWERTES

Marktplatzbrunnen Was wäre der Marktplatz ohne diesen herrlichen Brunnen und die schöne Mannheimia? S. 49 2

Pfarrkirche St. Sebastian Hier hat schon Mozarts Mama gebetet. S. 50 4

Kurfürstenzug Kurfürst Carl Theodor ist in Mannheim unvergessen. S. 52 6

Bürgerhospitalkirche Feine Barockarchitektur abseits der belebten Straßen. S. 57 13

GASTRONOMIE

Henningers Gutsschänke Kulinarischer Ausflug in die Region mit passenden Weinen. S. 119 2

Istanbul Türkische Küche am Mannheimer Marktplatz. S. 120 10

Palm's Pacific Lounge Mitten in der Plankenhofpassage abtauchen in eine andere (Themen-)Welt; raucherfreundlicher Bereich. S. 122 29

EINKAUFEN

Quadrate-Buchhandlung Beste Beratung und immer gute Preise für antiquarische Schnäppchen. S. 125 1

Südlandhaus Eines der besten Weinsortimente in Deutschland. S. 125 6

Herrdegen Der Mannemer Dreck muss unbedingt probiert werden. S. 127 11

ÜBERNACHTUNG

Radisson Blu Hotel Ein besonderes Haus für eine besondere Stadt. S. 129 2

Kleiner Rosengarten Edles Ambiente inmitten der Unterstadt muss kein Widerspruch sein! S. 130 11

KULTUR UND FREIZEIT

Atlantis Ein schöner Film abseits des Mainstreams in schöner Kinoatmosphäre. S. 136 23

Soho Oder doch Abtanzen zu Hip-Hop oder Techno and House? S. 136 25

Schanzenstr.
str.
Jungbuschstr.
Luisenring
Rheinstraße
Wasser- und
Schifffahrtsamt
Haupt-
zollamt
Reiß-
Museum
(Zeughaus)
Toulon-
pl.
Alters-
heim
Spital
Rathaus
Stadt-
kämmerei
Börse
Mus.
Zentralinst. f.
seel. Gesundh.
Swanseapl.
Trinitatisk.
Rab.-
Grünewald-
Pl.
Markt-
pl.
Unt.
Pfarrk.
Parade-
pl.
Schiller-
denkmal
Schiller-
pl.
Asampl.
Stern-
warte
Jesuitenk.
Bis-
marck-
Schloss-
garten
Universität
Amtsgericht
Schloss-
mus.
Schloss
C.-
Theodor-
Pl.
Universität
Handw.-
kammer
IHK
Gesundh.-
amt
Arbeitsamt
Finanz-
ämter
Pol.
präs.
Stadt-
hs.
Büch.
Kapu-
ziner-
pl.
Lauer-
gärten

SEHENSWERTES

1 Marktplatz S. 49
2 Marktplatzbrunnen S. 49
3 Altes Rathaus S. 49
4 Pfarrkirche St. Sebastian S. 50
5 Konkordienkirche S. 51
6 Kurfürstenzug S. 52
7 Lameygarten S. 52
8 Institut für Deutsche Sprache S. 53
9 Herschelbad S. 54
10 Breite Straße S. 55
11 Jüdisches Gemeindezentrum S. 55
12 Friedensengel S. 57
13 Bürgerhospitalkirche S. 57
14 Börse S. 58
15 Herrdegen S. 59

GASTRONOMIE

2 Henningers Gutsschänke S. 119
8 Da Vino S. 120
9 Akropolis S. 120
10 Istanbul S. 120
13 Natthanicha S. 120
14 Tokyo Sushi Bar S. 120
20 Keller's Weinrestaurant S. 121
21 Alter Simpl S. 121
22 Café Vienna S. 121
24 Café Prag S. 122
25 Café Brue S. 122
29 Palm's Pacific Lounge S. 122
30 Barrios Mannheim S.122

EINKAUFEN

1 Quadrate-Buchhandlung S. 125
5 Weltladen Mannheim S. 125
6 Südlandhaus S. 125
8 Pralissimo S. 126
10 Peek & Cloppenburg S. 126
14 Hohagen S. 127

ÜBERNACHTUNG

2 Radisson Blu Hotel S. 129
11 Kleiner Rosengarten S. 130

KULTUR UND FREIZEIT

23 Atlantis S. 136
25 Soho S. 136

SPQM
CIVIT PRAETORE
MDCCLXXI

1 MARKTPLATZ

S. 47

Dienstags, donnerstags und samstags ist der Marktplatz in G 1 Treffpunkt der Markthändler aus der Metropolregion. Dann ist der Platz das quirlig bunte Zentrum der „Unterstadt". Neben allerlei Exotischem gibt es Maudacher Brot aus der Pfalz ebenso wie saisonbedingt des (Kur-)Pfälzers Lieblingsspeise Spargel oder „Keschde" (Esskastanien). So ist der Markt ein ganz besonderes Zentrum des Konsums, der von allen Teilen der Bevölkerung gleichermaßen geschätzt wird. Eine feste Institution an Markttagen sind die „Kramläden" entlang der St.-Sebastian-Kirche. Sie wurden 1737 erstmals erwähnt. Hier gibt es dann ein weiteres „Nationalgericht" – den Fleischkäs'.

2 MARKTPLATZBRUNNEN

S. 47

Die „Statua", wie die Figurengruppe in der Platzmitte bei den alten Mannheimern bis heute heißt, könnte eine Menge berichten, zunächst über ihre eigene Entstehung für den Heidelberger Schlossgarten 1719, von ihrem Umzug nach Schwetzingen 1763 und schließlich von ihrer Umgestaltung als „Allegorie auf die am Rhein und Neckar durch die Gunst des Handels aufblühende Stadt Mannheim" 1767. Der Handelsgott Merkur hebt seine Hand schützend über die Stadtgöttin Mannheimia. Zu ihren Füßen sitzen die Flussgötter Rhein und Neckar. Das Denkmal war ein Geschenk Carl Theodors an die Stadt anlässlich seines 25-jährigen Regierungsjubiläums. 2009/10 erhielt das Denkmal auch wieder ein Ziergitter nach historischen Vorlagen.

◀ Endlich wieder historisch umsäumt: der Marktplatzbrunnen mit der Mannheimia

3 ALTES RATHAUS

S. 47

Das Alte Rathaus in F 1 ist der älteste Bau der Mannheimer Kurfürstenzeit. Es entstand in der typischen Mannheimer Dreigliedrigkeit aus zentralem Turm und zwei Gebäudeteilen. Östlich das Alte Rathaus und westlich die Pfarrkirche St. Sebastian. Am 17. September 1700 wurde der Grundstein zum Rathausbau und am 5. Oktober 1701 der zum zentralen Kirchturm gelegt. Im Mai 1705 waren die Arbeiten am Rathaus so weit fortgeschritten, dass darin die ersten Sitzungen stattfinden konnten. Von 1711 stammen zwei Besonderheiten neben dem Rathausportal: Dort haben sich die Messskalen der Rheinischen Elle (61 Zentimeter) und des Rheinischen Fußes (31,4 Zentimeter) erhalten. Rund zweihundert Jahre Ratsgeschichte verbinden sich mit dem Bau am Markt, der nach der Fertigstellung des Rathauses in N 1 bis heute als wohl schönstes Standesamt der Stadt genutzt wird. Rathaus und Kirche wurden von verschiedenen Architekten nach einheitlichem Schema errichtet.

Marktplatz mit Altem Rathaus und Pfarrkirche St. Sebastian (rechts)

Anton Bailleux zeichnet für Rathaus und Turm verantwortlich, Johann Jakob Rischer errichtete die Kirche. Die Fassadenplastiken beider Teile, darunter die Karyatiden, die die beiden Balkons halten, und die Statuen der Justitia (Gerechtigkeit) und der Pietas (Frömmigkeit) schufen die Bildhauer Heinrich Charrasky und Michael Bitterich.

F 1, 4 A • Standesamt, Besichtigungen nur von außen

4 PFARRKIRCHE ST. SEBASTIAN S. 47

Der Grundstein zur katholischen Pfarrkirche wurde 1706 gelegt, das Gebäude 1726 fertig gestellt. Das Hauptwerk dieser ältesten Mannheimer Pfarrkirche war der Hochaltar von Paul Egell. Das Meisterwerk des Rokokos entstand zwischen 1739 und 1741. 1877/78 gelangte er nach Berlin, wo große Teile im Zweiten Weltkrieg verbrannten. Ein Torso ist heute im Bodemuseum auf der Berliner Museumsinsel ausgestellt. Die beiden Seitenaltäre entstammen noch dem 18. Jahrhundert. Im linken, dem Muttergottesaltar, steht eine Figurengruppe von Peter Anton von Verschaffelt, der rechte zeigt Christus und die Apostel beim Abendmahl. Die Kanzel schuf Alessandro Galli da Bibiena 1742. Um den Nutzungszweck zu unterstreichen, tragen beide Bauteile zentrale Inschriften: Iustitiae et Pietati (Gerechtigkeit und Frömmigkeit).

Pfarrbüro St. Sebastian im Haus der Katholischen Kirche • F 2, 6 • Tel.: 0621 12268725 • www.kathma-citypastoral.de • Kirche: tägl. frei zugänglich

5 KONKORDIEN-KIRCHE

S. 47

Der 92 Meter hohe, neobarocke Kirchturm in R 2 beherrscht weithin sichtbar das Stadtbild. Er entstand 1893 als höchster Kirchturm Mannheims und prägt das Erscheinungsbild von Konkordienkirche und Mozartschule im Geiste der Mannheimer Dreigliedrigkeit. Die heutige evangelische „Citykirche" war zwischen 1677 und 1680 als Concordien- oder Eintracht-Kirche in der Zitadelle Friedrichsburg entstanden und diente als kurfürstliche Hofkirche. Noch unter Carl Ludwig entstand jedoch der Gedanke, für die deutsch- und die französisch-reformierte Gemeinde in R 2 ein Gotteshaus zu errichten – verbunden durch einen zentralen Turm. Der pfälzische Oberbaudirektor Johann Peter Wachter lieferte die Pläne des ab 1685 realisierten Baues. 1689 wurde das neue Gotteshaus mitsamt der Eintracht-Kirche in der Zitadelle im Pfälzischen Erbfolgekrieg zerstört. 1719 konnte schließlich der deutsche, 1739 der französische Teil geweiht werden. Beide brannten bei der Beschießung Mannheims 1795 vollständig nieder. Der kleinen französischen Gemeinde gelang es nicht, ihre Kirche wiederherzustellen. Sie schloss sich 1821 mit der deutsch-reformierten Gemeinde zusammen. 1800 war das deutsch-reformierte Gotteshaus wiederhergestellt, 1823 auf der Nordseite ein klassizistisches Schulhaus (heute Mozartschule) entstanden. Nach neuerlichen Zerstörungen im Zweiten Weltkrieg wurde die Konkordienkirche zwischen 1949 und 1952 vereinfacht wiederaufgebaut. In einer neu geschaffenen Gruft findet man heute

Blick auf die evangelische Citykirche Konkordien

Filigrane Darstellung – der Jagdzug des Kurfürsten Carl Theodor

den Sarg der Raugräfin Luise von Degenfeld aus der Eintracht-Kirche der Zitadelle Friedrichsburg.

Citygemeinde Hafen-Konkordien (Konkordienkirche) • R 3, 3 • Tel.: 0621 24208 • www.citykirche-konkordien.de • Kirche: tägl. 11–15 Uhr

6 KURFÜRSTENZUG S. 47

ENTDECKER-TIPP

Einen prächtigeren Balkon haben die Planken nicht zu bieten, nicht einmal am Rathaus von E 5! Der in P 5, 19 entstand infolge des Plankendurchbruches von 1935/36. Er beseitigte eine bauliche Engstelle. Die Balkonverkleidung zeigt einen stilisierten Jagdzug des Kurfürsten Carl Theodor, der nach Entwürfen von Zenta Zizler, der Tochter des Stadtoberbaudirektors Josef Zizler, entstand und von Karl und Friedrich Guiege als Kunstschmiedearbeit ausgeführt wurde. Zizler hatte die Pläne zu den beiden fünfgeschossigen und mit gelben Sandsteinplatten verkleideten Geschäftshäusern entwickelt und just an der Stelle den bis heute hervortretenden sechsgeschossigen Turmbau errichten lassen, wo die barocken Planken ehedem geendet hatten. Der Balkon vermittelte zwischen dem Turm und der angrenzenden Bebauung. Ursprünglich konnte man hier im „Café Kossenhaschen" Kaffee trinken und dem Treiben auf Mannheims Flaniermeile zusehen.

7 LAMEYGARTEN S. 47

Der Lameygarten in R 7 ist eine kleine, feine Grünanlage und erinnert an das Dyckerhoff-Lamey-Haus. Es wurde im Zweiten Weltkrieg zerstört. Seinen Namen verdankte das Haus dem Architekten Jakob Friedrich Dyckerhoff (1774–1845), der hier auf Teilen des alten Befestigungsringes 1826/27 eine

Intensive Sprach- statt Krankenpflege im IDS

klassizistische Villa für sich und seine Familie erbaut hatte. Später lebte hier der Schwiegersohn Dyckerhoffs, Rechtsanwalt Andreas Lamey (1816–1896), der seit 1852 mit Maria Dyckerhoff verheiratet war. Lamey selbst war der Enkel von Andreas Lamey (1726–1802), Hofbibliothekar des Kurfürsten Carl Theodor. Seinem Enkel gelang als badischem Innenminister 1862 die staatsbürgerliche Gleichberechtigung der badischen Juden, weshalb die jüdische Loge in Mannheim den Namen August Lameys führte. An Stelle der abgebrochenen Ruine der Villa findet sich heute eine kleine zierliche Pferdeskulptur von Renée Sintenis.

8 INSTITUT FÜR DEUTSCHE SPRACHE S. 47

227 Mitarbeiter, darunter 105 wissenschaftliche Angestellte, widmen sich hier der deutschen Sprache. Das gleichnamige Institut – kurz „IDS" – gibt es seit über einem halben Jahrhundert in der Quadratestadt. Als zentrale außeruniversitäre Einrichtung zur Erforschung und Dokumentation der deutschen Sprache in ihrem gegenwärtigen Gebrauch und in ihrer neueren Geschichte gehört es zusammen mit 89 anderen außeruniversitären Forschungsinstituten und Serviceeinrichtungen zur Leibniz-Gemeinschaft. Der Standort beherbergte zu kurfürstlichen Zeiten das Karl-Borromäus-Spital, aus dem nach 1806 das erste städtische Krankenhaus hervorging. Das war Ende des 19. Jahrhunderts das größte seiner Art im Großherzogtum Baden. Heute vereint der Bau in R 5 die überkommenen Gebäudereste der Jahrhundertwende und eines Teilneubaues nach Plänen der Heidelberger Architekten Paulo Joest und Horst Walther. Viel

Edler Badetempel eines noch edleren Spenders: das Herschelbad

spannender geht's innerhalb der Mauern zu. Hier befindet sich das Archiv für Gesprochenes Deutsch (AGD) als die zentrale Dokumentationsstelle, die aus dem 1932 von Eberhard Zwirner in Berlin gegründeten „Deutschen Spracharchiv" hervorging. Die 5.857 Sprachaufzeichnungen aus rund 1.000 deutschsprachigen Orten aus den 1960er Jahren gehören zu den Kernsammlungen des Archivs.

R 5, 6–13 • Tel.: 0621 15810 • www1.ids-mannheim.de • Bibliothek: Mo.–Do. 9–17 Uhr, Fr: 9–15.30 Uhr

9 HERSCHELBAD S. 47

Das älteste Hallenbad der Stadt geht auf den jüdischen Kaufmann Bernhard Herschel (1837–1905) zurück. Er stiftete 1905 kurz vor seinem Tod eine halbe Million Goldmark zur Errichtung einer „Zentral-Bade- und Schwimmanstalt". Mit der Stiftung verbunden war die Lage in den Quadraten, auf einem kostenfreien städtischen Grundstück und auch die Auflage, dass das Bad den Namen des Stifters tragen sollte. Richard Perrey lieferte die Pläne des 1912 bis 1920 errichteten Bades. Bei seiner Eröffnung war es mit 4.530 Quadratmetern überbauter Fläche eines des größten in Deutschland. Die Ausstattung war mehr als großzügig und umfasste drei Schwimmhallen, Wannenbäder, Sauna, ein Römisch-Irisches Bad, ein Sonnenbad, eine Wäscherei sowie ein damals übliches Hundebad. Der Neobarockbau griff im Inneren auf die antike Tradition der Thermen und Basiliken zurück und vereint Stilformen des Neoklassizismus und des Jugendstils. Während der NS-Zeit wurde Herschels Name getilgt. Heute tragen Bad und seit

Blick auf die Breite Straße – offiziell die Kurpfalzstraße

2004 auch der Vorplatz den Namen des honorigen Stifters.

U 3, 1 • Tel.: 0621 2937116 • www.mannheim.de/de/service-bieten/sport/schwimmbaeder/herschelbad • Mo. 13–21 Uhr, Di./Mi. 6.15–21 Uhr, Do.–Sa. 8–21 Uhr, So. 9–20 Uhr

10 BREITE STRASSE S. 47

Zu den beliebten Flaniermeilen der Stadt gehört neben den Planken die Breite Straße oder „Breet Strooß" – wie sie der Volksmund nennt. Sie ist die älteste Hauptstraße der Stadt und reicht vom Kurpfalzkreisel im Norden bis zum Schloss im Süden. Mit ursprünglich 17 Metern Breite übertraf sie die anderen Innenstadtstraßen um etwa ein Drittel: Erst mit der weitgehenden Rücknahme der Baufluchtlinie um weitere zehn Meter nach 1945 ist die barocke Hauptachse der Stadt heute wirklich zur „Breiten Straße" geworden. Zum 400-jährigen Stadtjubiläum 2007 wurde die nun „Kurpfalzachse" genannte Straße zwischen dem Alten Messplatz der Neckarstadt und dem Schloss aufgewertet, erhielt als Fußgängerzone zwischen Paradeplatz und Kurpfalzbrücke einen neuen Belag aus gelbem chinesischen Granit, der den Untergrund der ersten Fußgängerzone aus den 1970er Jahren ersetzte, und eine alleeartige Bepflanzung mit robusten Lindenbäumen.

11 JÜDISCHES GEMEINDEZENTRUM MIT SYNAGOGE S. 47

Der Rabbiner-Grünewald-Platz in F 3 ist ein ruhiger und beliebter Innenstadtplatz unweit des Marktplatzes. Hier liegt das 1985 bis 1987 nach Plänen Karl Schmuckers entstandene Jüdische Gemeinde-

zentrum. Das Grundstück nimmt nahezu das gesamte Quadrat F 3 ein und birgt auf 3.400 Quadratmetern Fläche die zentrale Synagoge sowie einen Festsaal, die Mikwe, koschere Küchen, Clubraum, Kindergarten, Schulraum, Gemeindebüros, Bibliothek, Sitzungszimmer und einen fünfgeschossigen Baublock mit Läden, 47 Seniorenwohnungen, 40 Sozialwohnungen und fünf Studentenappartements. Das Besondere: Die Wohnungen werden von jüdischen und nichtjüdischen Mietern bewohnt. In F 2, 13 befand sich ehedem die alte Hauptsynagoge, ein prächtiger Bau des 19. Jahrhunderts im neobyzantinischen Stil. Dort und ringsum spielte sich seit 1670 auch das jüdische Leben ab. Die alte Hauptsynagoge fiel 1938 der Reichspogromnacht zum Opfer und wurde nach der Kriegszerstörung 1955 abgerissen. Ein Teil der Steine konnte gerettet und in eine Gedenkwand des Foyers der neuen Synagoge in F 3 einfügt werden. Die Ortswahl geschah sehr bewusst. Hier befindet sich auch eine Gedenktafel für die Opfer des Holocaust. Die Synagoge ist nicht öffentlich zugänglich, jedoch zu bestimmten Terminen und in Verbindung mit einer Führung zu besichtigen.

Jüdische Gemeinde Mannheim K. d. ö. R • F 3, 4 • Tel.: 0621 153974 • www.jgm-net.de

◀ Leider etwas abseits am Rathaus – Gerhard Marcks Friedensengel

12 FRIEDENSENGEL S. 47

Dem „Mannheim-Brockhaus" zufolge nennt der Volksmund Gerhard Marcks' 1951/52 entstandenen Friedensengel „de schepp Liesl" – also „die schiefe Liesl".

Das zunächst von der Vereinigung der Verfolgten des Nazi-Regimes (VVN) initiierte Denkmal für den kommunistischen Widerstandskämpfer Georg Lechleiter (1885–1942) wurde mit Billigung des VVN für die Opfer des Nationalsozialismus erweitert, im Auftrag der Stadt Mannheim geschaffen und 1952 von Oberbürgermeister Hermann Heimerich und Bundeskanzler Konrad Adenauer auf einer Baulücke in B 4 neben der Jesuitenkirche am Rande des Schillerplatzes eingeweiht. Marcks selbst galt in der NS-Zeit als „entartet". Mit dem Denkmal erhielt die Stadt einen zentralen Gedenkort für die Opfer von 1933 bis 1945. Seit 1983 befindet sich die Skulptur in E 6 neben der Bürgerhospitalkirche.

13 BÜRGER-HOSPITALKIRCHE S. 47

Im „Quadrat" E 6 ist die Bürgerhospitalkirche heute das einzige historische Gebäude, das nach den schweren Kriegszerstörungen wiederaufgebaut wurde. Das zugehörige Katholische Bürgerspital war 1773 gegründet worden und befand sich ehedem an anderer Stelle in der Unterstadt. Die zugehörige Kirche St. Matthäus E 6, 8–10 entstand zwischen 1786 und 1788 unmittelbar daneben in den For-

Feiner Klassizismus: der Giebel der Bürgerhospitalkirche

men des Klassizismus nach Plänen von Bauinspektor Johann Faxlunger. Nach dessen Tod 1787 übernahm Peter Anton von Verschaffelt die Bauleitung. Der Kurfürst überließ das Baumaterial, das vom Abbruch der Garnisonkirche in C 5 stammte. Die größte Gönnerin des Neubaues aber war die Adelige Elisabeth Josepha von Winkopp, die auch den Hochaltar stiftete. In der 1793 erbauten Gruft erhielten sie und der Obersthofmeister der Kurfürstin General Ludwig Freiherr von Rodenhausen ihre letzte Ruhe. Das alte Bürgerhospital sollte der Plankenverbreiterung zum Opfer fallen, blieb aber bis zur Zerstörung im Zweiten Weltkrieg bestehen. Im Garten war indessen 1937 bis 1939 ein Ersatzbau entstanden, der bis heute als katholisches Seniorenheim dient. Zwischen 1955 und 1957 wurde das ausgebrannte Kirchengebäude vereinfacht wiederhergestellt.

14 BÖRSE S. 47

Die Einrichtung der Börse hing eng mit der gewachsenen wirtschaftlichen Bedeutung der Stadt zusammen. Mannheim hatte eine zentrale Rolle in Baden inne und die Stadt war durch ihre gute Infrastruktur Drehscheibe der Wirtschaft. Zur Gründung fanden sich 49 Firmen des Getreide- und Landesproduktenhandels sowie die Bankhäuser Hohenemser und Ladenburg zusammen. Nach dem Erwerb und Abriss des traditionsreichen Hotels „König von Portugal" in E 4, 12–16 entstand 1900 bis 1902 durch die eigens gegründete Börsenbau AG der heutige Börsenbau. Mit dem prächtigen Gebäude im Stil des Neobarock versuchten die beiden renommierten Mann-

Neobarock in E 4: Finanzen und Musik vereint

heimer Architekten Josef Köchler und Georg Anton Karch, an die große Zeit Mannheims im 18. Jahrhundert anzuknüpfen. Seit 1977 ist die Mannheimer Einrichtung Teil der Südwestdeutschen Warenbörse. Diese nutzt das Gebäude seit 1987 mit der Städtischen Musikschule. Das Haus selbst gehört seit 1938 der Stadt Mannheim.

15 KONDITOREI UND CAFÉ HERRDEGEN S. 47

Zu den „festen Institutionen" Mannheims gehört das „Herrdegen" in E 2, 8 an der Ecke zur Fressgasse. Es ist Mannheims älteste Konditorei. Hier wird der berühmte, süße und sehr kalorienhaltige „Dreck" (S. 10) produziert. Auch das Herrdegen'sche Haus selbst ist eine Sehenswürdigkeit, entstand zu Beginn des 18. Jahrhunderts als zweigeschossiger Putzbau mit Mansardwalmdach und Ohrenrahmenfestern aus rotem Sandstein in der Art der damaligen Zeit. 1999 wurde die Fassade des Hauses mit der alten Fassadenfarbigkeit restauriert.

E 2, 8 • Tel.: 0621 20185 • www.cafe-herrdegen.de • Mo.–Fr. 9–18 Uhr, Sa. 8.30–17.30 Uhr

FRESSGASSE

Die Fressgasse liegt zwischen den P- und Q-Quadraten. Sie ist eine der wenigen Innenstadtstraßen, die ihren zudem treffenden Namen bis heute führt. Allerdings ist die Zahl der Lebensmittelgeschäfte und Gaststätten, die einst zur Namensgebung geführt hatten, heute rückläufig. Immerhin Südlandhaus und Café Herrdegen liegen hier!

DIE OSTSTADT

Herz und westlicher Ausgangspunkt der Oststadt ist der Friedrichsplatz. Die Jugendstilanlage vereint neben Mannheims Wahrzeichen – dem Wasserturm – auch Rosengarten und Kunsthalle als kulturellen Leuchtturm. Entlang der Augustaanlage findet man die Kunstmeile mit zeitgenössischen Meisterwerken ebenso wie Gebäude aus Gründerzeit und Jugendstil. Dazu gibt's hier viel Grün durch Alleen und den nahen Luisenpark, in dem sich trefflich entspannen lässt – vielleicht ja bei einer chinesischen Teezeremonie …

siehe große Karte S. 62/63

SEHENSWERTES

Wasserturm Das Wahrzeichen der Mannheimer ist Treffpunkt, Landmarke, feste Größe und schönster Historismus! S. 64 1

Kunsthalle Umstrittene Symbiose für neuen kulturellen Leuchtturm an traditionellem Standort: gmp trifft Hermann Billing. S. 66 2

Luisenpark Sicher eine der schönsten Parkanlagen Deutschlands, gehegt, gepflegt, beliebt bei Alt und Jung. S. 71 6

Technoseum Ein Museum für alle Sinne mit einer Arbeiterkneipe und einer Dampflok, die durchs Haus fährt. S. 78 12

GASTRONOMIE

Doblers Kulinarische Besonderheiten genießen. S. 119 3

Le Comptoir 17 – Bistrot Parisien Vive la France – vive la cuisine francaise! S. 119 5

ÜBERNACHTUNG

Leonardo Royal Hotel Mannheim Das alte Palasthotel „Mannheimer Hof" ist nach wie vor ein Traum! S. 129 3

Hotel Mack Kurze Wege ins Nationaltheater und schlafen wie ein Murmeltier. S. 129 5

KULTUR UND FREIZEIT

Nationaltheater Wie wäre es mit einem „Festlichen Opernabend" am Goetheplatz? S. 135 13

Schatzkistl Etwas musikalisches Kabarett in intimer Atmosphäre schärft die Sinne und kann so schön sein. S. 136 19

Chinesischer Garten im Luisenpark

Bockler-Str.
Techn. Ämter
DGB
Cahn-Garnier-Ufer
Fr.-Ebert-Brücke
U5
U6
Friedrichsring
Collinstraße
Josef-
Theresien-krankenhaus
Ifflandstr.
Renzstr.
T6
Bassermannstr.
Hebelstr.
Nationaltheater
Goethe-pl.
S6
Goethestr.
R7
Lamey-garten
Rathenau-
Kolpingstr.
Lamey-
Berliner Str.
R7
Charl.-pl.
str.
Q7
Tula-
Rosen-garten-pl.
Viktoria-
str.
Stresemannstr.
str.
Lachner-
Werderstr.
str.
Rosen-garten
str.
Osts
Friedrichs-
Christusk.
Erzberg-
Moll-
Kaiserring
Wasserturm
Elisabethstr.
Beethoven-
Werderpl.
str.
Sophienstr.
Maximili
platz
str.
Werderstr.
str.
Moll-
Augusta-anlage
Kunsthalle
Roonstr.
Fr.-Karl-Str.
Moltkestr.
Geist-K.

SEHENSWERTES

1 Wasserturm S. 64
2 Kunsthalle S. 66
3 Benz-Denkmal S. 67
4 Rosengarten S. 68
5 Nationaltheater S. 70
6 Luisenpark S. 71
7 Christuskirche S. 73
8 Kultur- und Kunstmeile S. 74
9 Palais Lanz S. 75
10 Mannheimer Kunstverein S. 76
11 Planetarium S. 77
12 Technoseum S. 78

GASTRONOMIE

3 Doblers S. 119
5 Le Comptoir 17 S. 119
11 Bustan S. 120
18 Skyline Drehrestaurant S. 121
19 Zwieblers S. 121
33 Bootshaus Mannheim S. 123

ÜBERNACHTUNG

1 Dorint Kongresshotel Mannheim S. 129
3 Leonardo Royal Hotel Mannheim S. 129
4 Maritim Hotel Mannheim S. 129
5 Hotel Mack S. 129
6 Augusta Hotel S. 130
10 SYTE S. 130

KULTUR UND FREIZEIT

19 Schatzkistl S. 136
30 Sebastian Fath Contemporary S. 137

1 WASSERTURM S. 63

TOP-TIPP

DAS Wahrzeichen Mannheims ist bis heute der Wasserturm am Friedrichsplatz. Die Mannheimer lieben ihn und mancher vermisst ihn bereits, wenn er ihn aus dem Blick verliert. Dabei war die Wasserversorgung Mannheims vor dem Bau des Turms desaströs. Vergessen waren die Zeiten, da die Brunnen auf dem Markt- und Paradeplatz bloße Denkmäler waren, aus denen nie kostbares Nass sprudelte. Das großartige Projekt, Wasser aus Rohrbach bei Heidelberg nach Mannheim zu führen, hatte im 18. Jahrhundert in einem großen Fiasko geendet. Im 19. Jahrhundert brachten Bohrversuche schließlich ergiebige Grundwasservorkommen im heutigen Käfertaler Wald. Die Untersuchungen sind eng mit dem Namen des Ingenieurs Oskar Smreker verbunden. Dieser schuf 1888 eine erste Anlage im Käfertaler Wald, die Mannheim mit Trinkwasser versorgen sollte. Der perfekte Standort des Druckbehälters wurde in der axialen Verlängerung der Planken gefunden, da hier die Leitungsabstände zu den Quadraten, der Schwetzinger- und späteren Oststadt und zum Lindenhof kurz waren. 1885 lobte die Stadt einen Architekturwettbewerb zur repräsentativen Gestalt des neuen Wasserturmes aus, den der Stuttgarter Architekt Gustav Halmhuber gewann. Am Schnittpunkt von Friedrichs- und Kaiserring entstand zwischen 1886 und 1889 der 56,4 Meter hohe neobarocke Turm aus gelbem pfälzischen Sandstein mit dem charakteristischen hohen Helm und Johannes Hoffarts bekrönender Meeresgöttin Amphitrite.

Bei Kriegsende 1945 blieb er schwer beschädigt zurück und erhielt ein Notdach. Ein Wettbewerb von 1955 hätte beinahe zu einer teilmodernen Lösung mit Drehrestaurant und neuem Hochbehälter geführt, scheiterte aber am hartnäckigen Protest der Mannheimerinnen und Mannheimer, die ihren alten Turm behalten wollten – mit Erfolg. Bis 1963 waren die Bauarbeiten abgeschlossen.

Den Turm ziert eine aufwendige Freitreppenanlage mit umlaufender Aussichtsterrasse, zwei kleinen Pavillons und reichlich Bauplastik. Das Innere birgt einen 2.000 Kubikmeter großen Hängebodenbehälter mit einem Durchmesser von 16,10 Metern. Der eigentliche technische Bau ist als Eisenkonstruktion ausgeführt. Der Wasserbehälter selbst befindet sich in über 27 Meter Höhe und sorgte bis zu seiner Außerdienststellung im Jahr 2000 für konstanten Wasserdruck. Die Brunnenbecken vor dem Turm, zu beiden Seiten und vor allem die Wasserkaskaden mit dem großen Fontänenbecken östlich sind bei Mannheimern und Gästen gleichermaßen beliebt. Die Jugendsti-

► Einfach schön: der Wasserturm mit Meeresgöttin Amphitrite

Goldener Herbst in den Anlagen am Wasserturm

lanlage des Friedrichsplatzes mit Pergolen, Rasen- und Schmuckbeeten sucht ihresgleichen.
Friedrichsplatz

2 KUNSTHALLE S. 63

Der Jugendstilbau von Hermann Billing wurde zum 300-jährigen Stadtjubiläum 1907 am neuen Friedrichsplatz eröffnet. Er errichtete einen Dreiflügelbau auf T-förmigem Grundriss, dessen zentrale Halle ein Bindeglied zum geplanten Museumsbau am Friedrichsplatz selbst schaffen sollte. Was nicht kam, war der Museumsbau. Die in den Räumen der Kunsthalle gezeigte Jubiläumsausstellung war ein großer Erfolg. In der Folge gelang es den Direktoren Wiechert und Hartlaub, für Mannheim eine einzigartige Kunstsammlung aufzubauen. Das zentrale Werk bis heute ist Edouard Manets „Erschießung des Kaisers Maximilian von Mexico". Es wurde 1910 erworben. Die Sammlung selbst vereint herausragende Arbeiten vom 19. Jahrhundert bis zur Gegenwart. Einen dramatischen Einbruch brachte die NS-Zeit mit ihrer so genannten „Reinigung der Museen von entarteter Kunst". Ihr fielen 1937 91 Gemälde, acht Skulpturen, 466 grafische Arbeiten sowie sechs gattungsmäßig nicht eindeutig zuzuordnende Werke zum Opfer. Nur wenige Werke kehrten zurück. Nach fast einhundert Jahren ihres Bestehens wagte die Kunsthalle einen konzeptionellen Neuanfang. Unter dem Motto „Lebendigmachen des Kunstbesitzes" wurde die strenge Trennung zwischen den Kategorien Malerei, Plastik, Grafik, Fotografie, Film und Video aufgelöst. Neue Impulse brachten den Fall des Mitzlaff-Baues, der

Der Neubau der Kunsthalle Mannheim am Friedrichsplatz

in den 1980er Jahren endlich die Baulücke des geplanten Museums ersetzt hatte. An seiner Stelle schuf die Architektensozietät gmp – von Gerkan, Marg und Partner aus Hamburg mit einer Investitionssumme von über 68 Millionen Euro bis 2017 einen Neubau, dessen gewaltige Proportionen die Gemüter erregte, aber Mannheim einen gewaltigen Impuls für die Kunstsammlung am Friedrichsplatz brachte. Tatsächlich spielten die Architekten mit dem Sandsteinrot der umgebenden Fassaden und verwendeten bronzefarbenes Metallgewebe für die transluzenten Vorhangfassaden des neuen Museums, das nun 13.000 Quadratmeter Nutzfläche enthält. Rund 5.700 Quadratmeter gehören in beiden Gebäudeteilen fortan der Kunst allein! Die Eröffnung ist für den 1. Juni 2018 vorgesehen.

Friedrichsplatz 4 • Tel.: 0621 2936452 oder 2936430 • https://kuma.art • Di.–So. 10–18 Uhr, Mi. 10–20 Uhr, 1. Mi. im Monat 18–22 Uhr (ab Juni 2018)

3 BENZ-DENKMAL S. 63

„So e Nachthemd hat er nie getrage!", soll Bertha Benz (1849–1944), die Witwe von Carl Benz anlässlich der Enthüllung des Benz-Denkmals an der Augusta-Anlage geäußert haben. Das vermeintliche „Nachthemd" stellte in den Augen des Künstlers Max Laeuger den Arbeitskittel von Carl Benz dar. Die Darstellung des ersten Patent-Motorwagens geriet im Vergleich zum Erfinder viel zu klein – ja, sie erregte mitsamt dem Standort sehr bald die Gemüter. Mehr noch: das Denkmal verstellt in seiner Massivität die zentrale Achse der Augustaanlage. Über dem wenig erhabenen Relief findet man den

Benz' Patent-Motorwagen vor Laeugers Benz-Denkmal

Schriftzug „Carl Benz 1844–1929". Die Rückseite trägt die Namen und Embleme der Stifter: Reichsverband der Automobil-Industrie (RDA), Automobilclub von Deutschland (AvD), Allgemeiner Schnauferl-Club (ASC) und ADAC.
2008 erhielt das Denkmal eine dreidimensionale Ergänzung in Gestalt des Patent-Motorwagens. Dieser entstand als Bronzeguss anlässlich des einhundertjährigen Jubiläums des Benz-Werkes Mannheim-Waldhof und als Geschenk der Daimler AG. Mit einem Nachfolgemodell dieses ersten Motorwagens hatte Carl Benz' Frau Bertha 1888 mit ihren beiden Söhnen ihre Probefahrt von Mannheim nach Pforzheim und zurück unternommen. Es war die erste Fernfahrt der Automobilgeschichte. Die Werkstatt in T6, 11 (heute T6, 33) war seinerzeit der Ausgangspunkt dieser Fahrt.
Augustaanlage 4

4 ROSENGARTEN S. 63

Der Rosengarten – das „m:con Congress Center Rosengarten" an der Nordseite des Friedrichsplatzes rangiert heute bundesweit nach Berlin, Frankfurt und Hamburg auf Platz vier der Kongress-Standorte. Zwischen 1899 und 1903 entstand der weiträumige Komplex nach Plänen des Berliner Architekten Bruno Schmitz. Der Bau war zweigeteilt und bestand aus dem quer gelagerten Fassadenbau am Friedrichsplatz mit Wandelhalle und Musensaal sowie dem dahinter anschließenden Nibelungensaal. Dieser galt mit rund 3.600 Sitz- und 1.400 Stehplätzen als größter Veranstaltungsraum im Deutschen Kaiserreich. Der rote Mainsandstein als Bezug zur Altstadt war vorgegeben. Schmitz knüpfte mit seiner Mischung aus Neobarock und Jugendstil mehrfach an die örtlichen Traditionen an. Er verschmolz Architektur, Bildhauerei und Malerei zu einem Gesamtkunstwerk. Die Arbeiten des Breslauers Bildhauers Hermann Behrens finden sich heute nur noch am Außenbau mit dem Mozart- und dem Beethovenportal sowie mit allegorischen Darstellungen der Musik. An die Stelle des im Zweiten Weltkrieg schwer beschädigten Nibelungensaales trat 1973/74 der Anbau des Mannheimer Architekten Karl Schmucker mit dem neuen Mozartsaal. Bis 2007 wurde der Rosengarten durch Schmuckers Sohn Andreas erneut um 8.000 auf nunmehr rund 22.000 Quadratmeter Nutzfläche mit drei weiteren Sälen und zehn Konferenzräumen erweitert. Neben Tagungen und Kongressen für bis zu 9.000 Menschen ist der Rosengarten immer auch die „Gute Stube" Mannheims geblieben. Hier gastierten Richard Strauß, Gustav Mahler oder Wilhelm Furtwängler ebenso wie Anne Sophie Mutter, Alfred Brendel oder Sting. Bekannt geworden ist das Kongresszentrum durch Partei- und Aktionärsversammlungen und zahlreiche Medizinerkongresse. Während der Mozartsaal zur Heimstatt des Nationaltheater-Orchesters und der Musikalischen Akademien wurde, finden die Mannheimer Konzerte der Staatsphilharmonie Rheinland-Pfalz vor allem im Musensaal statt. Der erhielt 1950 eine Walcker-Orgel mit drei Manualen und 58 Registern. Das Werk wurde 2002/03 durch die Firma Mühleisen instandgesetzt.

Rosengartenplatz 2 • Tel.: 0621 41060 • www.mcon-mannheim.de

Harmonie in rotem Sandstein: Friedrichsplatz und Rosengarten

Nationaltheater am Goetheplatz

5 NATIONAL-THEATER

S. 63

Zwischen 1955 und 1957 entstand am Friedrichsring der Neubau des kriegszerstörten Nationaltheaters. An dem 1952/53 von der Stadt ausgeschriebenen Architektenwettbewerb hatten sich international renommierte Architekten wie Ludwig Mies van der Rohe in Chicago oder Hans Scharoun in Berlin beteiligt. Vor allem Mies van der Rohes gläserner, in eine Stahlkonstruktion geschobener Theaterbau sorgte für Aufsehen. Nach Ansicht von Oberbürgermeister Hermann Heimerich sollte das neue Theater so in das Zentrum der Stadt Mannheim eingefügt werden, dass es als eine wesentliche architektonische Potenz nach der Zerstörung auch dem Wandel der geistigen Entwicklung in der Gegenwart gerecht wird. So war ein Wiederaufbau am Standort von B 3 ausgeschlossen. Von vornherein dachte man an zwei Häuser mit jeweils 1.200 und rund 500 Plätzen. Der Vorschlag des Frankfurter Architekten Gerhard Weber wurde realisiert. Die engen finanziellen Spielräume führten zunächst zum Verzicht auf den erst Mitte der 1990er Jahre ausgeführten zweiten Bühnenturm über dem Schauspielhaus. Am 175. Jahrestag seiner Uraufführung wurde das neue Nationaltheater am 13. Januar 1957 mit Schillers Räubern eingeweiht. Heute gehört die Schillerbühne zu einer der bedeutendsten Bühnen Deutschlands mit jährlich über 1.000 Vorstellungen für rund 320.000 Besucher. Das Haus, das sich selbst gern als „Flaggschiff der Mannheimer Kulturszene" bezeichnet, bietet mit Oper, Schauspiel, Ballett sowie Kinder- und Jugendtheater Schnawwl und Junger Oper

Luisenpark mit Kutzerweiher und Fernmeldeturm

ein Vierspartenprogramm mit rund 45 Premieren und 55 Wiederaufnahmen. Große Beachtung finden die zweijährlich stattfindenden Veranstaltungen der Schillertage und des Mozartsommers.

Goetheplatz • Tel.: 0621 1680471 oder 1680470 • www.nationaltheater-mannheim.de

6 LUISENPARK S. 63

TOP-TIPP

„Eine der schönsten Parkanlagen Europas" ist bis heute ein Synonym für den Luisenpark. Diesen Beinamen verdankt er der Bundesgartenschau von 1975. 140 Baum-, 85 Strauch- und 350 Staudenarten und -sorten sowie 400.000 Blumenzwiebeln und 250.000 Sommer- bzw. Herbstblüher verwandeln alljährlich das 42 Hektar große Areal zwischen Neckar und Oststadt in ein Blütenmeer. Dabei ist der Untere Luisenpark mit nochmals zwölf Hektar Fläche gar nicht eingerechnet. Das riesige Gartenreich besuchen jährlich über 1,3 Millionen Menschen. Die Anfänge waren weit bescheidener. Die zweckgebundene Spende des Mannheimer Naturwissenschaftlers Wilhelm Casimir Fuchs in Höhe von 20.000 Mark bildete den Grundstock. Der erste Parkteil (Unterer Luisenpark) entstand auf zehn Hektar Fläche zwischen 1892 und 1894 nach den Plänen des renommierten Frankfurter Architekturbüros Gebrüder Siesmeyer. 1896 erhielt er den Namen Luisenpark, benannt nach der badischen Großherzogin Luise (1838–1923) anlässlich ihres 58. Geburtstags. Den bedeutendsten Einschnitt bot die Bundesgartenschau 1975. Dabei bildete der Obere Luisenpark gemeinsam mit dem Herzogen-

riedpark das Zentrum der Schau. Im Ergebnis entstand der heutige Park nach Plänen der Landschaftsarchitekten Richard Bödeker, Armin Boyer, Horst Wagenfeld und Partner sowie des Architekten Wilfried Berens. Die Architekten konzipierten eine natürliche Parklandschaft mit dem Kutzerweiher im Zentrum. Er allein umfasst über 36.000 Quadratmeter. 50 sogenannte Gondolettas erschließen auf einem 1.840 Meter langen Rundkurs in 45 Minuten weite Teile des Parks. Das Zentrum der Anlage bildet das Pflanzenschauhaus mit über 350 Pflanzen-, 50 Reptilien- und 350 Fischarten aus aller Welt. Neben Großer und Kleiner Tropenhalle, Aquarium und Terrarium laden heute auch ein Kakteen- und ein Schmetterlingshaus große und kleine Besucher ein. Zu den besonderen Attraktionen gehört seit 2001 das im Duojing-Garten gelegene chinesische Teehaus. Es ging aus der Zusammenarbeit mit Mannheims chinesischer Partnerstadt Zhenjiang und dem Ostasieninstitut Ludwigshafen hervor und ist zugleich das größte Teehaus Europas.

Theodor-Heuss-Anlage 2 • Tel.: 0621 410050 • www.luisenpark.de • Kassen: 9–16.30 Uhr • Der Ausgang ist jederzeit über die Drehkreuze möglich.

◀ Der Dom des Mannheimer Protestantismus: die Christuskirche

7 CHRISTUSKIRCHE S. 63

Die Christuskirche am Werderplatz wird auch gern als evangelischer Dom bezeichnet und als Gegengewicht zur katholischen Jesuitenkirche in der Oberstadt. Sie ist die jüngste und größte von vier evangelischen Kirchen der Jahrhundertwende. Der 1907 bis 1911 entstandene barockisierende Jugendstilbau aus gelbem Sandstein verfügt über imposante Ausmaße. Die turmförmige Kuppelkirche hat eine Höhe von 65 Metern und überragt das gründerzeitliche Wohnviertel ringsum, das bis heute durch vornehme Villen und Etagenwohnhäuser geprägt ist. Es liegt zudem in städtebaulicher Betonung im Schnittpunkt dreier Straßenachsen und ist so weithin sichtbar. Der Kirchenraum von Theophil Frey und Christian Schrade orientierte sich am Wiesbadener Kirchenbauprogramm von 1891, das die zentrale Predigtkirche in den Mittelpunkt stellte. Der Grundriss des Mannheimer Gotteshauses entwickelt sich aus einem Quadrat mit eingeschriebenem griechischen Kreuz. Rund 1.200 Menschen finden Platz. Der Haupteingang liegt mit Rücksicht auf die Orientierung zum Friedrichsplatz am südwestlichen Kreuzarm. Ihm gegenüber liegt der Kanzelaltar. Dahinter – vom Kirchenraum getrennt – eine eigene Taufkapelle bzw. die Sakristei, sowie im Anschluss an den Kirchenbau zwei baugleiche Pfarrhäuser mit je einem Konfirmandensaal.

Augustaanlage mit Kunstmeile und Blick zum Wasserturm

Den Hauptgiebel der Kirche ziert das Relief des tröstenden Christus. Den Tambour umgeben überlebensgroße Statuen der zwölf Apostel, während die Laterne vom Erzengel Michael beherrscht wird. Zu den Besonderheiten im Inneren zählt die 1911 entstandene Steinmeyer-Orgel. Sie gehört zu den bedeutendsten Orgeln der deutschen Spätromantik und ist mit ihren 7.869 Pfeifen in 96 Registern auf vier Manualen und Pedal sowie Fernwerk in der Kuppel die größte Denkmalorgel in Baden-Württemberg. Die Gemeinde ist aufgrund ihrer lebendigen Kirchenmusik ein Anziehungspunkt in der Region, der jährlich von über 20.000 Menschen genutzt wird, darunter das vielbeachtete „BACHfestival" mit internationalen Künstlern wie Ragna Schirmer.

Werderplatz 17 • Tel.: 0621 43031920 • www.christusfrieden.ekma.de/christuskirche • Offene Kirche: März–Okt. Di.–Fr. 13–17 Uhr

8 KULTUR- UND KUNSTMEILE

S. 63

Kunst fast wie an einer Perlenschnur – präsentiert über einen Zeitraum von 20 Jahren – prägt die Mannheimer Kulturmeile. Sie reicht von Ost nach West, in etwa mit dem Verlauf der Sonne beginnend am Technoseum, über das Planetarium, die Augustaanlage, den Kunstverein, Kunsthalle, Rosengarten, Nationaltheater, Hochschule für Musik und Darstellende Kunst, Stadtbibliothek, Städtische Musikschule bis hin zu den Reiss-Engelhorn-Museen oder eben umgekehrt und verbindet die kulturellen Institutio-

Längst Vergangenheit: das Telegrafenamt im Palais Lanz

nen der Stadt mit sehr viel Kunst. 1994 wurde die Kulturmeile aus der Taufe gehoben und mit ihr die Kunstmeile, ein Skulpturenweg von mehr als 60 teils hochkarätigen Werken renommierter zeitgenössischer nationaler und internationaler Bildhauerei und Gestaltung. Mit der 1993 entstandenen annähernd 13 Meter hohen Plastik „Die große Mannheimerin" von Franz Bernhard beginnt der Spaziergang über die Kulturmeile an der Wilhelm-Varnholt-Allee in Höhe der Autobahnauffahrt zur A 656. Es folgen bereits in der Augustaanlage Klaus Duschats 1994 entstandene Plastik „Mount Polomar" und Mo Edogas Himmelskugel in Höhe des Kunstvereins. Der studierte Mediziner war Installationskünstler und lebte seit 1982 in Mannheim mit einem Atelier auf der Friesenheimer Insel. Hier sammelte er beim Jahrhunderthochwasser 1988 an Rhein und Neckar Schwemmhölzer, die er zu mehreren Kunstwerken verarbeitete, darunter die Himmelskugel. Die Verbindung stellten bloße Kabelbinder her – für ihn symbolhaft Ariadnefäden der Weltgeschichte. Historische Bestandteile sind Max Laeugers Benz-Denkmal von 1933 und Morice Lipsis Skulptur „La Roue/Das Rad" von 1960.

Augustaanlage

9 PALAIS LANZ S. 63

Das Palais Lanz ist „das wahrscheinlich einzige erhaltene Stadtpalais nach Pariser Art, das im zweiten deutschen Kaiserreich zwischen 1871 und 1914 erbaut worden ist" (Tobias Möllmer). Auftraggeber war der Landmaschinenfabrikant Dr. Karl Lanz, der das Palais auf seinem 12.300 Quadratmeter großen Grundstück zwischen 1907 und 1913 durch den Pariser Architekten Eugène Saint-Ange (1848–1914) im neobarocken Stil errichten ließ. Am nordöstlichen Zugang der Oststadt gelegen, bildete das in Dimensionen und Traufhöhe die umgebenen Häuser weit überragende Gebäude mit seinem vorgelagerten dreieckigen und von einem mächtigen schmiedeeisernen Gitter umsäumten Hof den repräsentativen Auftakt zum Villenviertel: Seine Architektur war Ausdruck eines gezielten Repräsentationsprogramms, das den „quasi aristokratischen, ja dynastischen gesellschaftlichen Anspruch" (Möllmer) der Familie Lanz zum Ausdruck bringen sollte. Dazu gehörte auch, dass die Familie Denkmäler und Stiftungen errichten und ihre Häuser mit den entsprechenden Porträts und Büsten schmücken ließ und einen Genealogen mit der Familienforschung, die am Ende bis ins Hochmittelalter reichte, beauftragte. Nach dem frühen Verkauf der Immobilie, die nur etwa zehn Jahre als Wohnhaus gedient hatte, an die Deutsche Reichspost 1922 erfolgten zahlreiche Umbauten. Bedauerlich ist die Überbauung der Gartenanlage in den 1980er Jahren, der auch die kunstvollen Nebengebäude zum Opfer fielen.

Erzbergerstraße 18 • Tel.: 0621 7622 84200 • https://palais-lanz.com

10 MANNHEIMER KUNSTVEREIN S. 63

Mannheim besitzt einen der traditionsreichsten und mit rund 900 Mitgliedern auch einen der mitgliederstärksten Kunstvereine in Deutschland. Sein Domizil am Carl-Reiß-Platz mitten an der Kulturmeile ist markant und zeitlos-modern. Der Bau ist die erste Adresse für zeitgenössische Kunst in der Stadt. 450 Quadratmeter Ausstellungsfläche stehen hier zur Verfügung. Gezeigt werden hauptsächlich junge Kunst aller Sparten und Richtungen und Ausstellungen etablierter Kunst, ferner finden Musik- und Sonderveranstaltungen statt. Gegründet wurde der Mannheimer Kunstverein 1833 von 57 engagierten Bürgerinnen und Bürgern. Einen knappen Monat später zählte er bereits über 200 Mitglieder mit steigender Tendenz. Vor über 150 Jahren beschloss der junge Verein selbst Kunst zu sammeln und initiierte den Aufbau einer städtischen Kunstsammlung unter der Leitung des Vereins. 1882 konnten im Mannheimer Schloss die ersten Ausstellungsräume bezogen werden. Bis 1895 beherrschten Maler wie Franz Defregger, Anselm Feuerbach, Wilhelm von Kaulbach oder Karl Spitzweg die Ausstellungen, doch in den 1890er Jahren werden zunehmend Sezessionisten und Impressionisten wie Albert Haueisen oder Walter Leistikow gezeigt. 1908 folgten Bilder von Edvard Munch, in den Folge-

Das Planetarium

jahren von Wassili Kandinsky und Gabriele Münter, von Franz Marc, Erich Heckel, Ernst Ludwig Kirchner und Max Beckmann. An Mannheim kam man in der Kunstwelt nicht vorbei. 1911 zog die Sammlung in die neue Kunsthalle an der Moltkestraße. Hier stellten 1920 Otto Dix und Hannah Höch aus. 1926 erfolgte der Umzug in die ehemalige Klosterkirche in L 1, 1 – gegenüber vom Schloss – und blieb hier bis zur Zerstörung des Gebäudes 1943. Einen herben Einschnitt bedeutete das Jahr 1933, doch gelang es den Mitgliedern noch vier Jahre ein unabhängiges Programm mit Künstlern zu zeigen, die im NS-Staat verfemt waren. Der Neustart 1950 fand wiederum im Schloss statt, wo fortan Werke von Max Ernst, Otto Dix, Ernst Barlach, Waldemar Grzimek und anderer Künstler zu sehen waren. Mit dem ab 1964 errichteten und 1966 fertiggestellten Neubau des Darmstädter Architekten Theo Papst setzte der Kunstverein Maßstäbe.

Augustaanlage 58 • Tel.: 0621 402208 • www.mannheimer-kunstverein.de • Di.–So. 12–17 Uhr

11 PLANETARIUM S. 63

Das Planetarium öffnete 1984 auf dem Europaplatz seine Pforten. Es setzte eine Tradition fort, die 1927 mit dem wohl ersten kommunalen Planetarium Deutschlands, zugleich eines der ersten der Welt, im Unteren Luisenpark begonnen hatte. Es verfügte über 514 Sitzplätze und eine 24,5 Meter große Kuppel mit einem Projektionsgerät des Modells II von Carl Zeiss Jena. 1943 wurde das Gebäude beschädigt und 1953 abgerissen. Der neue Standort ab 1984 ist weit exponierter in der axialen Verlängerung Planken und der Augustaanlage bzw. am Ende der Stadtautobahn. Nachfolgend wurde die Sitzplatzzahl auf 280 Plätze halbiert. Der Baukörper erinnert an eine Pyramide mit einer Kuppel aus perforiertem Aluminiumblech. Diese hat eine Höhe von 13 Metern und einen Durchmesser von 20 Metern. Der jüngste, 2002 für rund drei Millionen Euro angeschaffte Sternprojektor Universarium Modell IX stammt wiederum von Carl Zeiss Jena. Er bildet das eigentliche Herz des Planetariums und vermittelt die Illusion des naturgetreuen Nachthimmels. Der riesige Sternprojektor funktioniert wie ein beweglicher Diaprojektor, wobei sich hinter den „Bullaugen" verschiedene Projektoren verbergen. Die kleinen „Bullaugen" sind Projektoren für die Milchstraße, für Sternbildfiguren und Koordinatenlinien. Durch die großen Bullaugen, von denen es insgesamt 32 gibt, wird der Sternenhimmel projiziert. Mit dem im Jahr 2007 eingebauten Ganzkuppel-Videosystem aus zwölf DLP-Beamern, die von zwölf Rechnern und einem Server gesteuert werden, können Standbilder und sogar Filme an der ganzen Planetariumskuppel als Leinwand gezeigt werden. Eine Mehrkanal-Tonanlage mit 20 Lautsprecherboxen macht die Illusion perfekt!

Wilhelm-Varnholt-Allee 1 (Europaplatz) • Tel.: 0621 415692 • www.planetarium-mannheim.de • Di.–So. zu den Veranstaltungen 1 Std. vor Vorstellungsbeginn

12 TECHNOSEUM S. 63

ENTDECKER-TIPP

Ob „Bionik", „Herzblut" oder „Effekthascherei" – die Sonderausstellungen des Technoseums sind ein Magnet für Jung und Alt. Über 100 Experimentierstationen sind aufs ganze Haus verteilt, und das ist 9.000 Quadratmeter groß. Über die Hälfte der Besucher sind Schülerinnen und Schüler, denn das Museum ist seit Langem ein fester Bestandteil als außerschulischer Lernort in der Region. Als

TIPP SAP-Arena 2005 öffnete die SAP-Arena im Bösfeld ihre Pforten. Das 70 Millionen Euro teure Objekt dient seitdem als Multifunktionshalle mit eigener Infrastruktur: Autozubringer, Parkplätze für bis zu 7.000 Pkw und ÖPNV-Anbindung. Die SAP-Arena ersetzt das alte Eisstadion am Schloss und ist die Heimstatt der bundesweit erfolgreichen Eishockeymannschaft der „Adler Mannheim" und des Handball-Bundesligisten „Rhein-Neckar-Löwen". Die Kapazität der Halle liegt zwischen 11.000 (bestuhlt) und 15.000 Plätzen (unbestuhlt) bei Konzerten, 13.600 Plätzen bei Eishockey- und 14.500 Plätzen bei Handballspielen. Elton John und Die toten Hosen waren bereits mehrfach zu Gast, nicht zu vergessen Xavier Naidoo oder Bülent Ceylan.

Technoseum – gegründet als Landesmuseum für Technik und Arbeit

das damalige Landesmuseum für Technik und Arbeit am Friedensplatz 1990 seine Pforten öffnete, betrat man in der Region Neuland. Heute ist das Technoseum eines der drei großen Technikmuseen in Deutschland. Hinter dem kühnen, langgestreckten Museumsbau steht die Berliner Architektin Ingeborg Kuhler. Das ab 1985 errichtete, 187,5 Meter lange Gebäude erweckt den Eindruck, als wäre es in Bewegung und galt bereits bei seiner Fertigstellung als wegweisend für den modernen Museumsbau. 1992 wurde es daher als Museum des Jahres mit dem europäischen Museumspreis ausgezeichnet.

Die Ausstellung präsentiert 250 Jahre Technik- und Sozialgeschichte des deutschen Südwestens in einer abwärts verlaufenden „Raum-Zeit-Spirale" über schiefe Ebenen. Man beginnt ganz oben und erlebt die immer rasantere Entwicklung der Technik- und Sozialgeschichte bis zur Gegenwart. Sechs Hauptebenen sind miteinander verbunden, angefangen von der die Kurpfalz prägenden Carl-Theodor-Zeit des 18. Jahrhunderts mit der Mannheimer Sternwarte, über eine Papiermühle und Weberei, bis hin zu Dampfmaschine und Eisenbahn. Zum Gesamtkonzept gehört auch ein eigener Museumspark. Die Verbindung übernimmt der Museumszug aus der württembergischen Länderbahnzeit, gezogen von der T-3-Dampflokomotive Eschenau – Baujahr 1896. Durch seine Lage an der Autobahnausfahrt der A 656 ist das Technoseum neben Wasser- und Fernmeldeturm zu einem weiteren beeindruckenden städtebaulichen Wahrzeichen geworden. Und hier beginnt auch die Kulturmeile.

Museumsstraße 1 • Tel.: 0621 42989 • www.technoseum.de • tägl. 9–17 Uhr

JUNGBUSCH UND NECKARSTADT

Das Multi-Kulti-Viertel Jungbusch ist im Umbruch. Mit rund 5.000 Einwohnern ist es der am dichtesten besiedelte Stadtteil mit hohem Anteil an Migration. Die günstigen Mieten locken zunehmend Studierende und Galerien. Der Jungbusch wird bunter, nicht zuletzt dank Popakademie oder Kreativwirtschaftszentrum C-HUB. Auch die Neckarstadt-West ist dicht besiedelt. Um die Mittelstraße leben über 20.000 Menschen unterschiedlichster Nationalitäten, Studierende und Künstler. Für kulturelles Leben sorgen u. a. das Capitol und das „theater oliv".

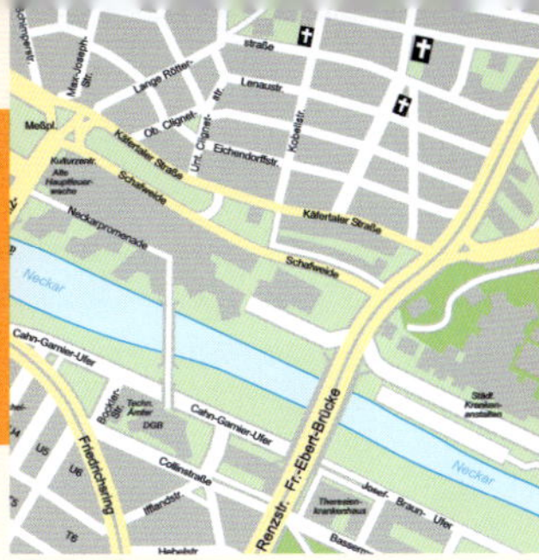

siehe große Karte S. 82/83

SEHENSWERTES

Verbindungskanal Ein Stadtquartier im Umbruch – neue Wohnungen in alten Industrieanlagen. S. 84 2

Moschee Konfessioneller Dialog: Pracht des Orients trifft auf katholische Liebfrauenkirche im Jungbusch. S. 85 3

Alte Feuerwache Stippvisite mit Kindern im Theater ist spannend. S. 88 6

Capitol Expressionistische Baukultur ziert den Szenekiez Neckarstadt. S. 89 8

Klinikum Von der Weltausstellung in Paris zum Portal des Mannheimer Klinikums – Jugendstil trifft Hochleistungsmedizin. S. 89 9

GASTRONOMIE

Müllers Restaurant und Café Lounge Museumsbesuche sollte man ausklingen lassen. S. 120 17

EINKAUFEN

Konditorei Café Wissenbach Kuchen und Torten sind unheimlich lecker. S. 127 12

Buchbinderei Annette Schrimpf Schönste Fotomotive und feine Papeterie. S. 127 13

KULTUR UND FREIZEIT

Theater Oliv Gemütliches Kellergewölbe mit buntem Kulturprogramm wie den „Mannheimer Bordellgeschichten". S. 136 17

Blau Tischfußball – kultig. S. 136 27

Port 25 Moderne Kunst im Handelshafen – neue, spannende Wege. S. 137 28

Fontäne und See im Herzogenriedpark

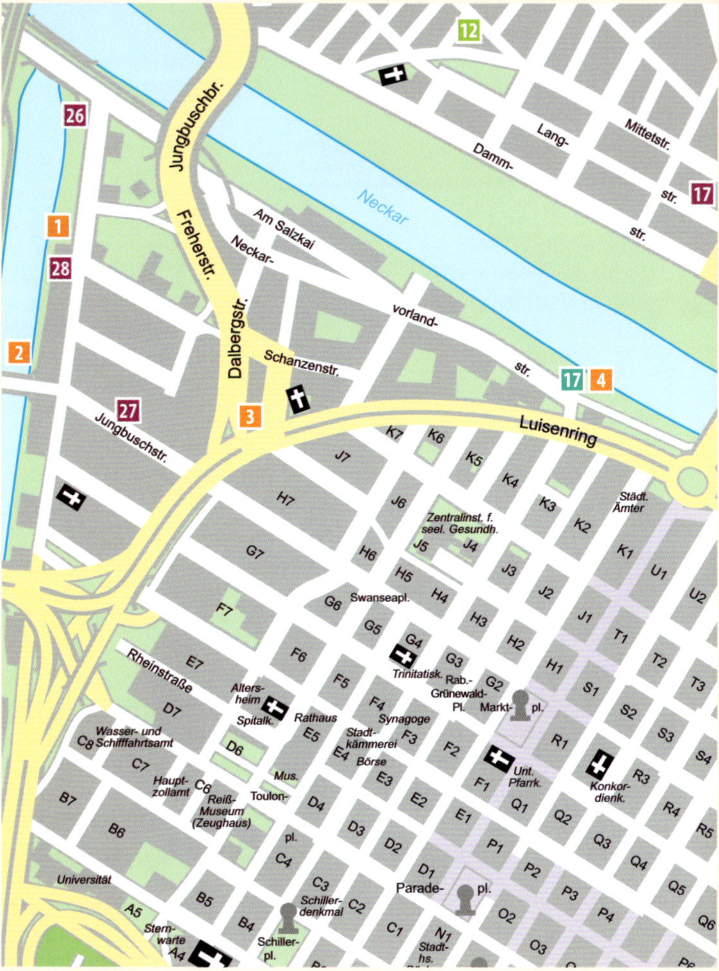

SEHENSWERTES

1 Popakademie S. 84
2 Verbindungskanal S. 84
3 Moschee S. 85
4 Museumsschiff S. 86
5 Kurpfalzbrücke S. 86
6 Alte Feuerwache S. 88
7 Alter Messplatz S. 88
8 Capitol S. 89
9 Klinikum S. 89

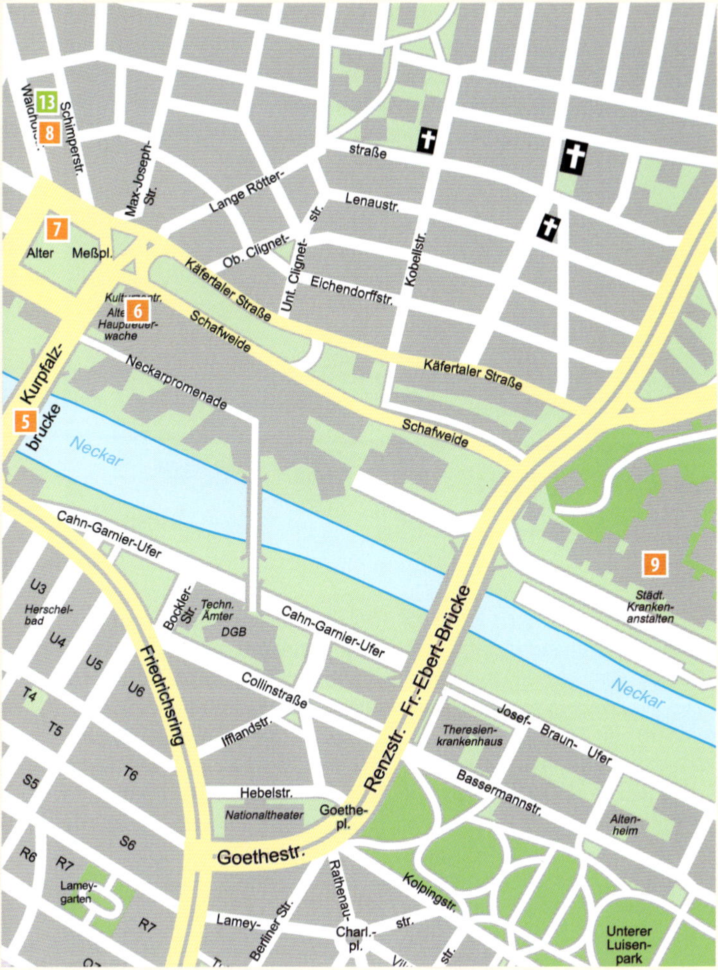

GASTRONOMIE

17 Müllers Restaurant und Café Lounge S. 120

EINKAUFEN

12 Konditorei Café Wissenbach S. 127

13 Buchbinderei Annette Schrimpf S. 127

KULTUR UND FREIZEIT

17 theater oliv S. 136

26 Hafen 49 S. 136

27 Blau S. 136

28 Port 25 S. 137

Popakademie

1 POPAKADEMIE S. 82

Mitten im Jungbusch hat seit 2004 die ein Jahr zuvor gegründete „Popakademie Baden-Württemberg" ihr Domizil. Schon von Weitem fällt der markante, innovative Bau der Architektengruppe „motorplan" auf. Die Fassade basiert auf einem stilisierten, grobgerasterten Foto von John Lennon. In der mittlerweile fest etablierten Popakademie kann man Popmusikdesign und Musikbusiness studieren. Mit der Akademie verändert der Stadtteil, der nicht eben zu den schönsten ‚Ecken' Mannheims gehörte, mehr und mehr sein Gesicht. Gleich nebenan in der Hafenstraße 49 hat der Musikpark auf 4.300 Quadratmetern Fläche seit 2004 bislang rund 40 Unternehmen angezogen, die das Bindeglied zur Popakademie herstellen. Mannheim als Standort verbindet sich mit dessen Musikszene mit Namen wie Xavier Naidoo, den Söhnen Mannheims, Laith Al-Deen oder Joy Fleming.

Hafenstraße 33 • Tel.: 0621 53397200 • www.popakademie.de

2 VERBINDUNGS-KANAL S. 82

Die Popakademie liegt direkt am 1875–1879 entstandenen Verbindungskanal, einem Stadtquartier im Umbruch zwischen Jungbusch und Handelshafen. Entlang der Hafenstraße liegen heute Wohnungen für Studierende, die neues Leben mitbringen. Zu den Besonderheiten des Kanals zählen die historischen Brücken: Teufelsbrücke (1874–1878) und Spatzenbrücke (1901). Ein eigener Verein (Rhein-Neckar-Industriekultur e.V.) widmet sich seit Jahren diesem wertvollen Kapitel der Industrie- und Technikgeschichte.

3 MOSCHEE S. 82

Die ganze Pracht des Orients verkörpert die Yavuz-Sultan-Selim-Moschee im Mannheimer Stadtteil Jungbusch. Sie prägt seit 1995 das Stadtbild des verkehrsreichen Luisenrings, wo sie in unmittelbarer Nachbarschaft zur katholischen Liebfrauenkirche steht. Von Beginn an stand sie als Symbol für Toleranz zwischen Muslimen und Nicht-Muslimen. Rund 20.000 sind es in Mannheim und bis 2008 war der Kuppelbau mit seinem 35 Meter hohen Minarett an der Seilerstraße mit etwa 1.200 Quadratmetern und 2.500 Gebetsplätzen die größte Moschee, zugleich auch einer der schönsten muslimischen Sakralbauten in Deutschland. Ihren Namen erhielt sie nach Sultan Selim I., der Yavuz genannt wurde, was so viel heißt wie „der Gestrenge". Der prächtig ausgemalte rituelle Waschraum mit Marmorbrunnen befindet sich im Erdgeschoss. Runde Treppenhäuser führen zum zentralen 2.000 Menschen fassenden Gebetsraum der Männer im ersten Obergeschoss. Eine Etage darüber befindet sich die Frauenempore mit rund 500 Gebetsplätzen. Die Moschee ist nicht öffentlich zugänglich, sondern nur an bestimmten Terminen und in Verbindung mit einer Führung zu besichtigen. Über 25.000 Menschen nutzen das Angebot jährlich.

Luisenring 28 • Tel.: 0621 4548283 • www.ditib-ma.de

Vom Lagerraum zum exklusiven „Speicher 7"

4 MUSEUMSSCHIFF S. 82

Ausflugsschiffe genießen mittlerweile in Mannheim Seltenheitswert. So bietet das Museumsschiff „Mannheim" unterhalb des historischen Neckarkrans von 1860 unweit der Kurpfalzbrücke eine willkommene Abwechslung. Seegang aber haben höchstens die Gäste von „Müllers Restaurant und Café-Lounge" und auch nur, wenn sie zu tief ins Glas geschaut haben. Das über 83 Meter lange Schiff liegt seit 1986 vor Anker und ist Exponat und Museum in einem – Teil des Technoseums am Friedensplatz. Einstmals war die „Mannheim" einer jener prachtvollen historischen Ausflugsdampfer, die den Rhein hoch und runter fuhren. 1929 lief sie vom Stapel und war als „Mainz" unterwegs. 2.500 Passagiere passten drauf und konnten sich am „Sound" des Schaufelraddampfers erfreuen. Die 900 PS starke Heißdampfverbundmaschine ermöglichte eine durchschnittliche Reisegeschwindigkeit von 23 km/h flussab- und 18 km/h flussaufwärts. Heute können die Besucher eine Reise durch die Geschichte der Binnenschifffahrt unternehmen, Wissenswertes zur Bergungstaucherei und zur Seelsorge auf dem Wasser erfahren und bei Führungen sogar die Dampfmaschine und die Schaufelräder in Aktion erleben.

An der Kurpfalzbrücke • Tel.: 0621 1565756 • www.technoseum.de/ausstellungen/museumsschiff • tägl. 14–18 Uhr

5 KURPFALZBRÜCKE S. 82

Ganz gleich welche Brücke Joy Fleming besungen hat, die Kurpfalz- oder doch die Jungbuschbrücke, der „Mannemer Neggabriggeblus" (Mannheimer Neckarbrückenblues) machte die Soulröhre 1972 schlagartig bekannt und mit ihr die Mannemer Mundart. Die Kurpfalzbrücke ist jener Teil der berühmten Kurpfalzachse, die von hier aus schnurgerade in nord-südlicher Richtung aufs Barockschloss zuführt. Entstanden ist sie 1948 bis 1950. Die 187 Meter lange Balkenbrücke wird tagtäglich von zahlreichen Passanten genutzt, die im Nu „iwwer die Brigg" gelaufen oder gefahren sind, darunter zahlreiche Studierende, die heute die Neckarstadt bevölkern. Am 1. August 1950 wurde die Brücke in Anwesenheit des ersten Bundespräsidenten Dr. Theodor Heuss dem Verkehr übergeben. Wer hätte damals ahnen können, dass sich hier 32 Jahre später am 10. Juli 1982 kurz nach 14 Uhr ein amerikanischer GI mit seinem Panzer in den Neckar in den Tod stürzen würde. Die Bilder brachten Mannheim damals deutschlandweit in die Schlagzeilen. Seitdem ist es ruhig geworden. Impulse brachte indes der 400. Stadtgeburtstag 2007, der die historische Kurpfalzachse in den Blick nahm

► Blick auf Kurpfalzbrücke, Kurpfalzkreisel, Museumsschiff und MVV-Hochhaus am Luisenring

MVV

Die alte Mannheimer Hauptfeuerwache

und ihr vom Schloss bis zum Alten Messplatz eine Verjüngungskur verpasste – eine, die gelungen ist!

6 ALTE FEUERWACHE S. 82

Als imposante Stadtkronen werden die drei Türme der Neckaruferbebauung Nord gesehen, die sich seit den 1970er Jahren keinem Blick mehr entziehen und die Mannheimer Stadtsilhouette heute entscheidend mitprägen. Im Gegensatz dazu ist der neobarocke Schlauchturm der Alten Hauptfeuerwache geradezu fein und grazil. Beinahe wäre er der bedrohlich nahe gerückten Neckaruferbebauung zum Opfer gefallen, bis eine der frühen Bürgerinitiativen sich der Stadt und ihrem Abrissvorhaben entgegenstellte. 1978 stimmten die Gemeinderatsmitglieder der Nutzung als Kulturzentrum zu. Es wurde 1981 eingeweiht und ist heute als „Alte Feuerwache" weithin bekannt. Hier ist unter anderem das beliebte Kinder- und Jugendtheater „Schnawwl" des Nationaltheaters zu Hause. Hier finden jeden Montag im Café/Bar Alte Feuerwache die beliebten Live-Jazz-Sessions statt, hier treffen sich Künstler und Musiker. Die Künstlerwohnung im Turm ist seit Jahren Heimstatt des Mannheimer Stadtschreibers. Zu den prominenten Vertretern gehörte der aus Bosnien-Herzegowina stammende deutschsprachige Autor Sasa Stanisic, der 2014 den Preis der Leipziger Buchmesse erhielt.

Brückenstraße 2 • Tel.: 0621 2939281 • www.altefeuerwache.com

7 ALTER MESSPLATZ S. 82

Das unmittelbare Umfeld – der alte Messplatz – hat seit 2006/07 eine neue Struktur mit hoher Auf-

Alter Messplatz mit Platzhaus und Wasserspielen

enthaltsqualität erhalten. Der Berliner Architekt Jens Metz hat dafür die Pläne entwickelt, die den Platz zum Neckar hin öffnen und nach Norden durch einen eingeschossigen Bau mit Bistro abschließen.

8 CAPITOL S. 82

Das Capitol-Kino ist einer jener kulturellen Leuchttürme der Region mit jährlich mehr als 100.000 Menschen und rund 300 Veranstaltungen. Die reichen vom Musical, über satirisches Kabarett bis hin zu Comedy mit Gerd Dudenhöffer, Bülent Ceylan oder Ingo Appelt. Das traditionsreiche Haus des Stuttgarter Architekten Paul Darius wurde 1927 eröffnet. Es ist ein Paradebeispiel expressionistischer Baukultur der 1920er Jahre. Seinerzeit war es der erste eigenständige Kinobau Mannheims, der als Baukörper in Erscheinung trat. Die Vorgabe des Bauherrn Georg Müller, dessen Familie das Kino bis 1981 betrieb, war es ein Haus zu schaffen, das neben rund 1.200 Sitzplätzen auch über eine Bühne für Varietéaufführungen, sieben Kegelbahnen im Untergeschoss und vier Wohnungen verfügen sollte. So entstand der rote Klinkerbau. Seit seiner „Wiedergeburt" 1998 verfügt das Capitol über 700 Sitz- und 1.200 Stehplätze. Xavier Naidoo ist hier groß geworden und Joy Fleming wollte zeitlebens nicht auf ihr Capitol verzichten.

Waldhofstraße 2 • Tel.: 0621 4017140 • www.capitol-mannheim.de

9 KLINIKUM S. 82

Das Mannheimer Schloss gibt's in Mannheim gleich zweimal, was seine Ausdehnung anbelangt. Das barocke Original am oberen Ende

TIPP **Herzogenriedpark** Zur Bundesgartenschau 1975 wartete Mannheim gleich mit zwei Parks auf Besucher: Luisen- und Herzogenriedpark. Beide waren durch einen Aerobus, eine rund drei Kilometer lange Schwebebahn miteinander verbunden. In wenigen Minuten gelangten die Parkbesucher so in beide Parkteile. Die technische Attraktion ist heute verschwunden. Geblieben aber sind die beiden seitdem gebührenpflichtigen Parks, zusammen 67 Hektar groß, die weit über die Stadtgrenzen hinaus beliebt sind. Der Herzogenriedpark entstand 1928 auf einem 21 Hektar großen Terrain als Ersatz für den alten, überbauten Neckarpark (heute Standort des Klinikums). Zu den Attraktionen des Parks gehören heute das Rosarium mit seinen 100.000 Rosenarten und der bäuerliche Mustergarten. Neben Gartenschach und Kneipp-Anlage hat auch die 1975 installierte Spritzpistolenanlage überdauert. Das Element Wasser wird ohnehin in zahlreichen Brunnen oder dem idyllischen Parksee mit Fontäne lebendig.

der Quadratestadt, die neobarocke Kopie als Krankenhausschloss am Theodor-Kutzer-Ufer im Stadtteil Wohlgelegen. Beide sind 440 Meter lang. Das Universitätsklinikum ist heute ein Krankenhaus der Maximalversorgung mit breit gefächertem Spektrum in Diagnostik und Therapie für jährlich rund 76.000 stationäre und teilstationäre Patienten sowie 210.000 ambulante Patienten. 1913 begannen die Bauarbeiten, 1922 öffnete der Bau als damals modernstes Krankenhaus Europas mit 1.140 Betten. Der Haupteingang wird wie beim älteren Vorbild des Schlosses von einem Ehrenhof gebildet, den eine gewaltige Toranlage mit dem sogenannten Pariser Tor begrenzt. Dieses prächtige, schmiedeeiserne Jugendstilwerk schuf Josef Neuser im Auftrag der Stadt Mannheim für die Pariser Weltausstellung 1900. Seinen praktischen Nutzen sollte es an der Gewerbeschule in C 6 finden, landete aber dort im Hinterhof. Es war schlicht zu gewaltig: sechs Meter hoch und 4,8 Tonnen schwer, dazu mit allerlei neobarockem Rankenwerk verziert. Am Ende gelangte es ans Theodor-Kutzer-Ufer.

Theodor-Kutzer-Ufer 1–3

► Das Capitolkino in der Neckarstadt: ein schönes Beispiel expressionistischer Klinker-Architektur

CAPITOL
IVE&EVENTHAU

AUSFLÜGE IN DIE REGION

Mannheim im Dreiländereck von Baden-Württemberg, Rheinland-Pfalz und Hessen ist seit 2005 Zentrum der europäischen Metropolregion Rhein-Neckar. Der siebtgrößte deutsche Wirtschaftsraum zählt rund 2,3 Millionen Einwohner. Kulturell gibt es viel zu entdecken: Burgen und Schlösser, Parks und Gärten, Museen und Sammlungen und: jede Menge Natur. Es lohnt von Mannem aus „riwwer un niwwer" zu schauen! Mit der Rheinfähre bei Altrip, der Rhein-Haardt-Bahn nach Bad Dürkheim oder der S-Bahn Rhein-Neckar nach Neustadt.

SEHENSWERTES

Schlossgarten Schwetzingen Schönster Schlossgarten Deutschlands – ohne Wenn und Aber! S. 97 1

Wallfahrtskirche Oggersheim Oggersheim ist bunter als sein Ruf: Brauhaus, Schillergedenkstätte und eine prächtige Pfarrkirche mit kurfürstlicher Tradition. S. 98 2

Bischofshof Ladenburg Willkommen in der Römerzeit! S. 107 8

Hambacher Schloss Neustadt Keimzelle der Demokratie, „Keschde" und ein herrlicher Blick in die Metropolregion. S. 110 11

GASTRONOMIE

Schwetzinger Brauhaus zum Ritter – Wo bekommt man schon blonde Ritter? S. 123 35

Kabinett – Ein Kabinett gehört doch in ein Schloss? Aber gibt's da auch so leckere Flammkuchen? S. 123 38

KULTUR UND FREIZEIT

Schillerhaus Ludwigshafen-Oggersheim Kurfürsten und Dichter dicht an dicht. S. 134 9

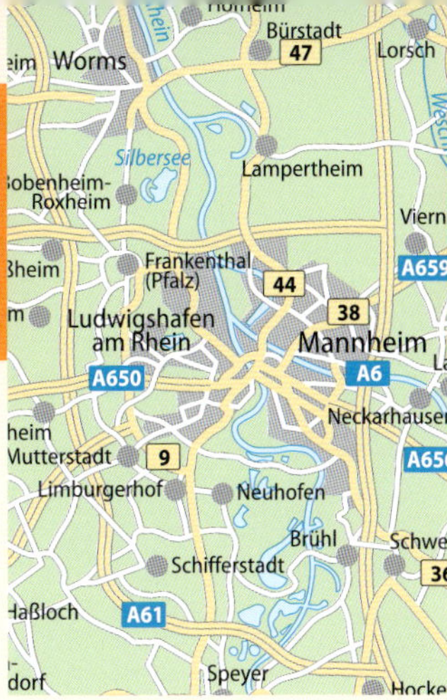

siehe große Karte S. 94/95

Carl-Benz-Haus Ladenburg Ein Museum rund um den berühmten Erfinder des Automobils – mit der ältesten Garage der Welt! S. 134 7

Wappen am Ladenburger Bischofshof

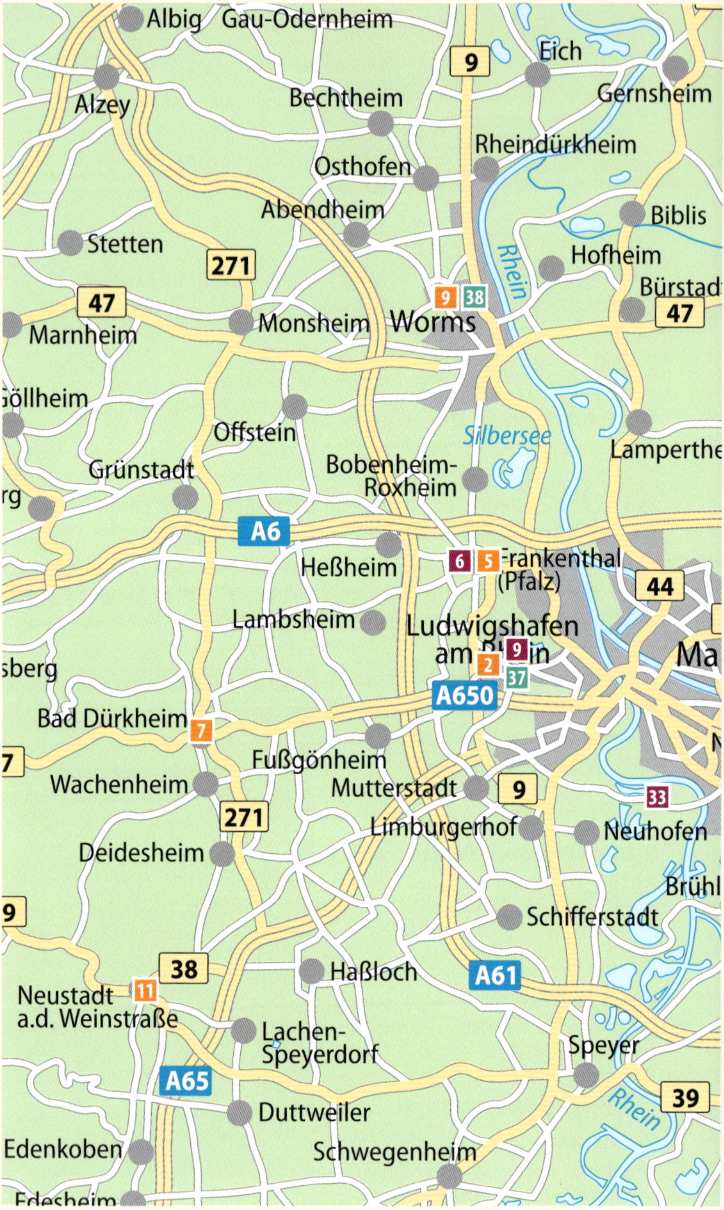
Albig
Gau-Odernheim
9
Eich
Gernsheim
Alzey
Bechtheim
Rheindürkheim
Osthofen
Abendheim
Biblis
Stetten
271
Hofheim
Rhein
47
9
38
Monsheim
Worms
47
Marnheim
Offstein
Silbersee
Grünstadt
Bobenheim-
Roxheim
A6
Heßheim
6
5
Frankenthal
(Pfalz)
44
Lambsheim
Ludwigshafen
9
2
37
A650
Bad Dürkheim
7
Fußgönheim
Wachenheim
Mutterstadt
9
271
33
Limburgerhof
Neuhofen
Deidesheim
Brühl
Schifferstadt
38
Haßloch
A61
Neustadt
a.d. Weinstraße
11
Lachen-
Speyerdorf
Speyer
A65
Rhein
39
Duttweiler
Edenkoben
Schwegenheim

SEHENSWERTES

1 Schlossgarten Schwetzingen S. 97
2 Wallfahrtskirche Oggersheim S. 98
3 Schlosspark Weinheim S. 99
4 Exotenwald Weinheim S. 101
5 Frankenthaler Kanal S. 102
6 Schloss und Garten Neckarhausen S. 103
7 Kurpark Bad Dürkheim S. 105
8 Bischofshof Ladenburg S. 107
9 Schloss und Park Worms-Herrnsheim S. 107
10 Palais Seligmann Leimen S. 109
11 Hambacher Schloss Neustadt S. 110

GASTRONOMIE

35 Schwetzinger Brauhaus zum Ritter S. 123
36 Kurfürstenstube S. 123
37 Privatbrauerei Gebr. Mayer S. 123
38 Kabinett S. 123

KULTUR UND FREIZEIT

6 Erkenbert-Museum Frankenthal S. 134
7 Carl-Benz-Haus Ladenburg S. 134
8 Lobdengaumuseum Ladenburg S. 134
9 Schillerhaus Ludwigshafen-Oggersheim S. 134
33 Blaue Adria S. 137
34 Miramar S. 137

1 SCHLOSSGARTEN SCHWETZINGEN S. 95

Schwetzingen war die Sommerresidenz der Kurfürsten von der Pfalz. Der Schlossgarten gehört heute zu den bedeutendsten Zeugnissen der europäischen Gartenkunst. Im Jahre 1350 wird in Schwetzingen erstmals urkundlich ein ritterliches Wasserschloss erwähnt. Zu Beginn des 15. Jahrhunderts fand sich dieses „feste Haus" im alleinigen Besitz der Pfälzer Kurfürsten. Um 1470 ließen die Kurfürsten hier eine gotische „steinerne Kemenate" errichten, die als Aufenthaltsort zu den Jagdgebieten im Haardtwald diente. Kurfürst Carl Ludwig ließ das im 30-jährigen Krieg zerstörte Schloss zwischen 1655 und 1658 für seine zur Linken Hand angetraute zweite Frau Luise von Degenfeld wiederaufbauen. In dieser Zeit entstand auch der Schlossgarten, der aus einem Lust- und Nutzgarten bestand. Hier ließ der Kurfürst den ersten Pfälzer Spargel kultivieren. Seine Tochter war die berühmte Liselotte von der Pfalz, Schwägerin des Sonnenkönigs Ludwig XIV. von Frankreich. Im Pfälzischen Erbfolgekrieg wurde das Schloss daher erneut zerstört. 1698 bis 1701 ließ es Kurfürst Johann Wilhelm wiederaufbauen und erweitern. Das glanzvollste Kapitel für Schwetzingen schrieb Kurfürst Carl Theodor.

◄ Es gibt kein schöneres „Ende der Welt" als das in Schwetzingen!

1753 legte der Pfalz-Zweibrückische Hofgärtner Johann Ludwig Petri den Entwurf vor, der die Zukunft des Schlossgartens bestimmen sollte: ein Kreisparterre aus zwei Zirkelhäusern und daran anknüpfenden Laubengängen. Petris Kreisparterre gilt in der europäischen Gartenkunst als einmalig. 1762 übernahm der zum Gartendirektor ernannte Nicolas de Pigage die weitere Planung. Im gleichen Jahr begannen der Bau des Naturtheaters, des Apollotempels samt Belvedere und der dortigen „neuen Angloise". Petris Kreisdurchmesser des Parterres diente Pigage als Maßstab für die Erweiterungen des Gartens. An dessen westlichem Ende ordnete er das Große Bassin, den heutigen Großen Weiher an, das den Park beschloss. Den eigentlichen Schlossgarten ergänzte der Waldpark im Ketscher Wald. Beide Teile waren durch eine breite Schneise – die Sternallee – miteinander verbunden. Noch während die Arbeiten zum französischen Garten liefen, setzten Überlegungen zur teilweisen Umgestaltung im Sinne des englischen Landschaftsgartens ein. Die Arbeiten begannen 1777 unter der Oberleitung Pigages durch Friedrich Ludwig von Sckell (1750–1823). Durch die kurfürstliche Verfügung zur Beibehaltung der Boskettzonen schuf Sckell das heute bekannte Gesamtkunstwerk, in dem er beide Teile geschickt miteinander verknüpfte. Heute gilt Schwetzingen als einer

Nördliches Zirkelhaus im Schlossgarten

der schönsten Schlossgärten in Deutschland.

Schloss Mittelbau • 68723 Schwetzingen • Tel.: 06221 658880 • www.schloss-schwetzingen.de • Schlossgarten: tägl. 9–20 Uhr (Okt.–März bis 17 Uhr) • Die Innenräume sind nur im Rahmen einer Führung zu besichtigen.

2 WALLFAHRTSKIRCHE OGGERSHEIM S. 95

Die Oggersheimer Wallfahrtskirche verdankt ihre Entstehung Kurfürstin Elisabeth Augusta, die 1768 ihren Wohnsitz zunächst zeitweilig, bis zum Einmarsch der Franzosen 1793 ganz von Mannheim nach Oggersheim verlegt hatte. Während das Schloss mit seinem weiträumigen Park zerstört und dessen Reste abgerissen und parzelliert wurden, hat die einstige Schlosskirche auf wundersame Weise überdauert, zumal sie 1803 an Stelle der alten und baufälligen Kilianskirche zur Pfarrkirche von Oggersheim erklärt wurde. Von Anfang an war der Kirchenbau mehr als eine reine Schlosskirche. 1729 hatte Elisabeth Augustas Vater, Pfalzgraf Joseph Carl, Erbprinz von Sulzbach mit dem Bau einer Loretokapelle begonnen. Der Oggersheimer Kapellenbau entstand als eine getreue Nachbildung der „Santa Casa" im italienischen Loreto, die einer mittelalterlichen Legende nach das Wohnhaus der Heiligen Familie war. Die Belebung der Oggersheimer Wallfahrt veranlasste Kurfürst Carl Philipp. Die Betreuung erfolgte von 1733 an durch die Mannheimer Jesuiten. 1774 begannen die Bauarbeiten zum heutigen Kirchenbau nach Plänen des Hofbildhauers Peter Anton von Verschaffelt (1710–1793), dem bedeutendsten

Oggersheims Schatzkästlein ist die alte Wallfahrtskirche Maria Himmelfahrt

Bildhauer des Frühklassizismus im Rheingebiet. Er schuf einen 47,5 Meter langen, 17 Meter breiten und 28 Meter hohen Saalbau an der Schwelle vom Spätbarock zum Frühklassizismus. Im Innern blieb die Loretokapelle erhalten. Ihre Nordostwand wurde mit dem Hochaltar ummantelt. 1777 wurde das Gotteshaus zu Ehren von Mariä Himmelfahrt geweiht. Die Schloss- und Wallfahrtskirche Oggersheim blieb Verschaffelts einziges Kirchenbauprojekt.

Kapellengasse 8 • 67071 Ludwigshafen-Oggersheim • Tel.: 0621 55909820 (Pfarrbüro) • www.maria-himmelfahrt-oggersheim.de

3 SCHLOSSPARK WEINHEIM S. 95

Das Gelände des heutigen Weinheimer Schlossbezirks gehörte bis zum Jahr 1423 dem Geschlecht der Swende. Damals gelangte der nördlich vom Obertor gelegene Teil an Kurpfalz. Zwischen 1546 und 1552 diente das Weinheimer Schloss dem Pfalzgrafen Ottheinrich, der nach Einführung der Reformation in Pfalz-Neuburg Land und Thron verloren hatte, als Wohnsitz. Unter ihm entstand auch ein erster Lustgarten in Weinheim, wobei der Pfalzgraf den württembergischen Herzog um Zeichnungen und Pläne zu dessen berühmtem Stuttgarter Lusthaus ersuchte. In den Weinheimer Lustgarten ließ Ottheinrich viele wohlriechende Kräuter pflanzen, zudem u. a. Oliven, Granatäpfel, Pfeffer, Melonen, Gurken, Feigen, Mandeln und Trauben. Auch ließ er einen Platz mit Pomeranzenbäumen anlegen. Eine kurze Episode bildete der Aufenthalt des Kurfürsten Johann Wilhelm (Jan

Zweimal Weinheim: Schlosspark …

Wellem) in Weinheim, der sich nach der Zerstörung des Heidelberger Schlosses im Pfälzischen Erbfolgekrieg 1698 nach Weinheim zurückgezogen hatte. Zwei Jahre später entstanden erste Teile einer Parkanlage. Wohl zwischen 1785 und 1795 wurde diese Anlage nach Plänen des kurpfälzischen Gartenarchitekten Friedrich Ludwig von Sckell zu einem englischen Landschaftsgarten umgestaltet. Sckell schuf weite Wiesentäler und führte die Blicke aus dem Garten auf die Burg Windeck und die freie Landschaft. Einige der damals gepflanzten Solitärbäume sind heute noch vorhanden, darunter die große Libanon-Zeder im Kleinen Schlosspark, die als älteste Zeder in Deutschland gilt. Zu Beginn des 19. Jahrhunderts wurde das Kurfürstliche Schloss verkauft. Mitte des 19. Jahrhunderts gehörte die Unternehmerfamilie Johann Carl Freudenberg zu den Mietern des Schlosses. Der Schlosspark in seiner heutigen Form geht vor allem auf Gräfin Auguste Elisabeth Amalie von Waldner-Freundstein zurück, Tochter des Freiherrn von Stumm aus Neunkirchen im Saarland, die 1837 durch Kauf den angrenzenden Ulnerschen Adelshof mit dem Südflügel des Schlosses erworben hatte. Zuvor war sie mit Christian Friedrich Freiherr von Berckheim verheiratet, dem das dritte Weinheimer Schloss – das Berckheimsche Schloss – gehörte. Graf Christian, einer der beiden Söhne, ließ ab 1872 die meisten der Exoten im Schlosspark pflanzen. Er war auch der Begründer des angrenzenden Exotenwaldes. Beeindruckend sind die großen

… und Marktplatz. Kurpfälzer Gastlichkeit pur!

Rhododendron- und Eibenbüsche um den großen Weiher.

69469 Weinheim • ganzjährig zugänglich

4 EXOTENWALD WEINHEIM

S. 95

ENTDECKER-TIPP

An den Schlosspark grenzt unmittelbar Deutschlands größter Exotenwald mit heute rund 140 verschiedenen Baumarten. Sein Begründer Christian Friedrich Gustav von Berckheim (1817–1889) war zuletzt Staatsminister und Großhofmeister am Hof in Karlsruhe. Zwischen 1872 und 1884 ließ von Berckheim den Exotenwald anlegen. Über seine Motivation hierfür ist wenig bekannt, lediglich die frühe Absicht, die bis in die 1860er Jahre zurückreicht. Auf einer Fläche von rund 36 Hektar pflanzte er insgesamt 12.494 Bäume. Von den 150 Baum- und Straucharten sind heute rund 50 übriggeblieben. Die „Exoten" – ausländische Baumarten wurden fast ausschließlich von europaweit bekannten Spezialbaumschulen in Frankreich (Orleans), Belgien (Gent) und Großbritannien (Exeter bei London) bezogen. Geliefert wurden in aller Regel Topfpflanzen, Sämlinge oder mehrjährige Pflanzen. Das zunächst konzipierte Wegenetz sollte für Kutschfahrten geeignet sein und war an den Grundstücksgrenzen mit Rondellen zum Wenden der Kutsche ausgestattet. Längs der Wege sah von Berckheim Alleen mit damals sehr seltenen und als Besonderheit empfundenen Bäumen und Sträuchern vor. In einer zweiten Phase bis in die Zeit des Zweiten Weltkriegs

Hoch hinaus: der Exotenwald

gelang eine zweite Anbauperiode, wobei der Schwerpunkt neben der sachkundigen Bestandspflege bei ostasiatischen Baumarten lag. 1955 begann mit dem Verkauf des Exotenwaldes an das Land Baden-Württemberg eine dritte bis in die Gegenwart andauernde Periode. 1988 gelang die Erweiterung der Exotenwaldfläche um weitere zehn Hektar auf derzeit knapp 60 Hektar mit mehr als 125 Baumarten. Knapp die Hälfte sind Nadel-, der Rest Laubbäume. Zu den zahlreichen Besonderheiten gehört der Urweltmammutbaum (Metasequoia glyptostroboides, Hu und Cheng). 1958 kam der Baum nach Weinheim. Zu einem der optisch markantesten Bestände des Exotenwaldes gehört die Flusszeder (Calocedrus decurrens). Die höchsten Bäume des Bestandes sind über 30 Meter hoch und haben einen Stammumfang von 60 Zentimetern. Der größte Baum im Exotenwald und noch dazu ein Altbestand von 1873 ist der Riesenmammutbaum (Sequoiadendron giganteum) mit einer Höhe von über 55,2 Metern (2000) und einem Durchmesser von 1,53 Metern in Brusthöhe.

69469 Weinheim • Schlosspark ganzjährig frei zugänglich

5 FRANKENTHALER KANAL MIT HAFENBECKEN S. 95

Frankenthal war neben Mannheim und Heidelberg die dritte kurpfälzische Hauptstadt. In der einstigen „Fabriquenstadt" entstand das berühmte Frankenthaler Porzellan. Zur Unterstützung des heimischen Handels ließ Kurfürst Carl Theo-

Das Speyerer Tor in Frankenthal

dor den Frankenthaler Kanal zum Rhein hin errichten, der bis heute in Teilen erhalten ist – ein frühes Industriedenkmal. Der Bau entstand 1772 bis 1787 nach Plänen des Oberrheinbaudirektors Jakob Dyckerhoff. Der Kanal war über vier Kilometer lang, an der Wasseroberkante 19 Meter und an der Kanalsohle acht Meter breit und insgesamt rund zwei Meter tief. Das Hafenbecken war 95 Meter lang und 48 Meter breit. Die Kanalschiffe wurden zunächst von Menschen oder Pferden auf Treidelpfaden gezogen. Der vermutlich spektakulärste Transport fand 1875 statt, als die Frankenthaler Glockengießerei Hamm die 26 Tonnen schwere Kaiserglocke des Kölner Doms auf einem der Kanalschiffe zum Rhein transportierte. Das völlige Aus kam 1954/55. Damals wurden das Hafenbecken mit 45.000 Tonnen Schutt und in den 1960er Jahren auch die restlichen Teile des Kanals verfüllt.

Am Kanal 1 • 67227 Frankenthal • ganzjährig frei zugänglich

6 SCHLOSS UND GARTEN NECKARHAUSEN S. 95

Der Schlossgarten von Neckarhausen (Gemeine Edingen-Neckarhausen) hat bis heute wesentliche Züge der Sckellschen Parkgestaltung bewahrt. Der Garten und das zugehörige Schloss gehörten seit 1777/1781 den Freiherrn und nachmaligen Grafen von Oberndorff. 1777 hatte Franz Albert Leopold Freiherr von Oberndorff (1720–1799) den Kernbesitz aus Gutshaus, Hof, Stall und Schuppen erworben und 1781 mit dem Bau

Ein kleiner, feiner englischer Landschaftsgarten ist der von Neckarhausen

eines neuen Schlosses begonnen. Von Anfang an war die Anlage als Sommer- und Landsitz in unmittelbarer Nachbarschaft zur kurpfälzischen Haupt- und Residenzstadt Mannheim geplant, wo Oberndorff zunächst als Minister, von 1778 an im Auftrag des Kurfürsten die Regierungsgeschäfte der Kurpfalz führte. Das alte Oberndorff'sche Schloss besteht nicht mehr. An seine Stelle trat unter Alfred Graf von Oberndorff 1823/24 ein dreigeschossiger spätklassizistischer Neubau. Beim Verkauf des Oberndorff'schen Schlosses an die Gemeinde Neckarhausen 1960 zeigte sich der Schlossgarten in zugewachsenem Zustand mit kaum noch erkennbarer Wegeführung. Nach einem Entwurf des Ladenburger Landschaftsarchitekten Dieter Hoffmann von 1982 erfolgte die Wiederinstandsetzung im Sinne, jedoch nicht als Kopie eines englischen Landschaftsgartens. Der prächtige alte Baumbestand und die zentrale Wiese blieben erhalten. Zwei ehedem weiterreichende Sichtachsen enden infolge der umgebenden Bebauung an der Parkgrenze. Mit dem historischen Eiskeller und der Orangerie blieben zwei Staffage- und Zweckbauten des Gartens erhalten. Schlossanlage und -garten sind heute als Kulturdenkmal anerkannt und Anziehungspunkt weit über die Grenzen der Gemeinde hinaus. Dazu tragen die botanischen Besonderheiten bei, deretwegen ein Besuch lohnt. Dazu gehört die mächtige ahornblättrige Platane ebenso, wie der Solitär der Krim-Linde oder der Ginkgo biloba. Der Pflege und Bedeutung des Gartens hat sich ein eigener Verein verschrieben: die Schlossparkfreunde Neckarhausen e.V.

Hauptstraße 389 • 68535 Edingen-Neckarhausen • Schlossgarten ganzjährig frei zugänglich

7 KURPARK BAD DÜRKHEIM S. 95

Der einzige barocke Schlossbau von repräsentativen Ausmaßen jenseits von Mannheim entstand nach den Verwüstungen des Pfälzischen Erbfolgekrieges in Dürkheim. Es war die Residenz der Grafen von Leiningen. Wie im nahen Mannheim hatten auch die Leininger ihre Residenz von der Hardenburg in die Stadt verlegt und ließen an deren Nordrand das Gräflich-Leiningische Residenzschloss errichten (Grundsteinlegung 1732). Nordöstlich des Schlosses und damit außerhalb des mittelalterlichen Berings entstand ab 1739 der Kleine Schlossgarten (der heutige Obere Kurgarten) mit der hoch über die Isenach aufragenden und bis heute erhaltenen Terrassenmauer des „Rempart" als barocke französische Anlage. Mit der Brandschatzung des Schlosses durch die Franzosen 1794 verfielen in der Folge auch die Gartenanlagen. Die Flächen wurden parzelliert, meistbietend versteigert und zum Anbau von Reben und Ackerfrüchten freigegeben. An Stelle des Schlosses entstand das 1822 bis 1826 erbaute klassizistische Rat- und heutige Kurhaus. In den Jahren 1845/46 ließ die Stadt auf dem Gelände des einstigen Schlossgartens den Kurgarten anlegen und nahm damit die entscheidende

Wo's schon Fürstens gut ging: der Kurpark von Bad Dürkheim

Weichenstellung in Richtung der Entwicklung Dürkheims zum Kurort vor. 1905 erhielt Dürkheim den begehrten Zusatz „Bad". In der Folgezeit wurde auch der Kurpark ausgebaut. 1950 wurde er in Richtung der Mannheimer Straße abermals erweitert und besitzt heute eine Größe von rund 5,7 Hektar. Üppige Magnolien, Mandelbäume und Japanische Zierkirschen, duftende Rhododendren und zahlreiche Rosenarten sorgen heutzutage für ein besonderes Erlebnis des Kurparks, der oftmals schon im März mit seinen besonderen Reizen zahlreiche Besucher anlockt.

Schloßgartenstraße • 67098 Bad Dürkheim • ganzjährig frei zugänglich

8 BISCHOFSHOF LADENBURG S. 95

Der Ladenburger Bischofshof geht auf einen fränkischen Königshof aus dem sechsten Jahrhundert zurück. Durch König Dagobert wurde er im Jahr 628 den Bischöfen von Worms geschenkt, die ihn bis zum Jahr 1705 als Sommer- und zeitweilige Hauptresidenz nutzten. Seine äußere Gestalt erhielt der mehrfach erweiterte Bau im 15. Jahrhundert. Der charakteristische Erkeranbau entstand 1590 unter der Regierung des Bischofs Georg von Schönberg, der achteckige Treppenturm mit seinem ionischen Rundbogenportal um 1610 unter Bischof Wilhelm von Effern. Die Fassadenmalerei entstand in der Zeit des Dreißigjährigen Krieges. 1975 konnte sie nach alten Befunden wiederhergestellt werden. Charakteristisch sind der rosafarbene Grundton und die perspektivisch genau aufgemalten Architekturteile wie Eckbossen, Gesimse oder Giebel. Im Bischofshof ist seit 1968 das Lobdengau-Museum untergebracht.

Amtshof 1 • 68526 Ladenburg • Tel.: 06203 700 • www.lobdengau-museum.de • Mi. 15–18 Uhr, Museum: Sa. 14–17 Uhr, So. 11–17 Uhr

◀ Blick vom Kurgarten zur katholischen Pfarrkirche St. Ludwig in Bad Dürkheim

9 SCHLOSS UND PARK WORMS-HERRNSHEIM S. 95

ENTDECKER-TIPP

Schloss Herrnsheim gilt als eines der repräsentativsten herrschaftlichen Bauwerke Rheinhessens, sein zugehöriger Park als schönster englischer Landschaftsgarten in Rheinland-Pfalz. Um ein Haar wäre das rund fünf Kilometer nordwestlich des Stadtzentrums gelegene Stammgut der Familie von Dalberg abgerissen und der heute 10,5 Hektar große Park für die Wohnbebauung parzelliert worden, doch konnte die Stadt Worms 1958 die Immobilie erwerben und ist seitdem Schlosseigentümerin. Das im Norden des gleichnamigen Ortes gelegene Schloss Herrnsheim geht auf eine 1460 von Philipp Kämmerer von Worms, genannt von Dalberg errichtete Burg zurück. Wie diese Burg ausgese-

Geheimtipp: der Landschaftsgarten von Worms-Herrnsheim

hen hat, ist unbekannt. Der Unterbau des runden Turmes stammt noch aus dieser Zeit. Philipp von Dalberg ließ neben der Burg auch die Ursulakapelle in der Pfarrkirche St. Peter zur Familiengrablege umbauen. Die Burg wurde im Pfälzischen Erbfolgekrieg zerstört und an ihrer Stelle ab 1710 unter Wolfgang Eberhard von Dalberg ein Schloss als vornehme Barockanlage mit einem nach Norden orientierten Park errichtet. Die Pläne dazu lieferte der bereits in Mainz für die Dalbergs tätige Architekt Caspar Herwartel unter Einbeziehung erhaltener Reste. Nach dem Tode Herwartels folgte ihm der Architekt des Mannheimer Schlosses Johann Clemens Froimon. Der 1750 in Herrnsheim geborene Intendant des Mannheimer Nationaltheaters Wolfgang Heribert von Dalberg ließ zwischen 1788 und 1792 den ursprünglich barocken Garten durch Friedrich Ludwig von Sckell neu gestalten und parallel 1790 auch das Innere des Schlosses renovieren und instand setzen. Im 19. Jahrhundert wurde das Schloss von Jakob Friedrich von Dyckerhoff klassizistisch umgebaut. Bemerkenswert ist die Parkanlage mit der bis heute bestehenden großen Wiesenfläche zwischen Schloss und See, der Hauptsee mit den beiden Inseln sowie der große Rundweg. Unter John Dalberg-Acton gelangte Herrnsheim 1882 an den Wormser Lederfabrikanten Cornelius Wilhelm Heyl. Neben gekrönten Häuptern wie Großherzog von Hessen-Darmstadt und Zar Nikolaus II. nebst Gattin begegneten sich hier Künstler, Gelehrte und

Schloss Herrnsheim: ein Schatzkästchen für Besucher!

Politiker bei gesellschaftlichen Ereignissen. Heute befinden sich Schloss und Garten im Besitz der Stadt Worms.

Herrnsheimer Hauptstraße 1 • 67550 Worms-Herrnsheim • www.worms.de • Schlossführungen über die Tourist-Info: Neumarkt 14 • 67547 Worms • Tel.: 06241 8537306

10 PALAIS SELIGMANN LEIMEN

S. 95

Im 18. Jahrhundert waren die Hoffaktoren die Finanziers der Fürsten und ihrer prachtliebenden Höfe. Zu den größten Finanziers gehörte Aron Elias Seligmann (1747–1824) aus Leimen. Er war der Hoffaktor des Kurfürsten Carl Theodor. Mit seinem prächtigen Palais in Leimen (erbaut 1794–1802) stellte Seligmann seine Stellung offen zur Schau, nachdem er 1779 im Ort die erste privilegierte kurpfälzische Tabakmanufaktur mit Monopolstellung für die gesamte Kurpfalz gegründet hatte. Seligmann war derart erfolgreich, dass er 1786 der Stadt Heidelberg 50.000 Gulden für den Neubau der Alten Brücke lieh. Im gleichen Jahr erhielt er vom Kurfürsten ein weiteres gewinnträchtiges Monopol für Salzgewinnung und Verkauf – was Aron Elias Seligmann noch fehlte, war ein standesgemäßer Wohnsitz in Leimen. So begann er im Jahr 1790 mit dem sukzessiven Erwerb von Grundstücken. 1841 gelangte das Palais an die Stadt Leimen, die darin ihr Rathaus unterbrachte. Prunkstück ist bis heute der zentrale Festsaal. Ihn zieren von Architekturgliederungen gerahmte griechisch-mythologische

Festsaal im Palais Seligmann in Leimen

und biblische Wandgemälde sowie Supraporten en grisaille. Der Fest- oder Spiegelsaal ist bis heute die „Gute Stube" des Hauses geblieben. Vom Balkon winkte 1985 der Wimbledon-Sieger Boris Becker der Bevölkerung zu. Im gleichen Jahr erhielt das Rathaus, in dem heute die Verwaltungsspitze mit den Räumen des Oberbürgermeisters und des Hauptamtes untergebracht ist, ein lebensgroßes Gemälde des Bauherrn Aron Elias Seligmann.

Rathausstraße 8 • 69181 Leimen

11 HAMBACHER SCHLOSS NEUSTADT S. 95

Rund 200 Meter oberhalb des Dorfes Hambach und weithin sichtbar liegt auf dem Gipfel eines der Haardt vorgelagerten Berges das Hambacher Schloss. Es wechselte im Laufe der Jahrhunderte mehrfach seinen Namen. Im Mittelalter hieß es Kästenburg nach den hier wachsenden Esskastanien, die im Volksmund bis heute einfach die „Keschde" genannt werden. Als „Hambacher Schloss" erlangte es mit dem gleichnamigen „Hambacher Fest" 1832 die größte Bekanntheit, bis der bayerische König Maximilian II. in den Besitz der Burg gelangte und sie ab 1842 „Maxburg" nannte.

Auf den Resten einer spätkarolingischen Fluchtburg des 9./10. Jahrhunderts entstand in der ersten Hälfte des 11. Jahrhunderts eine salische Burganlage, die in der zweiten Hälfte des 11. Jahrhunderts in den Besitz des Ardennengrafen Wolfram gelangte. Die Kästenburg wurde einer der zentralen Verwaltungsmittelpunkte des Hochstifts, worauf zahlreiche Aufenthalte der Bischöfe seit 1180 hinweisen, und blieb bis zum späten 17. Jahrhundert bevorzugter Aufenthaltsort der Speyerer Bischöfe. 1814 feierten hier deutsche Patrioten den ersten Jahrestag der „Völkerschlacht bei Leipzig". 1831 begingen Neustädter Bürger den Jahrestag der französischen Julirevolution und 1832 fand hier zwischen dem 27. und 30. Mai das „Hambacher Fest" statt. Rund 30.000 Menschen aus allen Teilen Deutschlands zogen in vier Tagen zum Hambacher Schloss empor, das seitdem ein Schauplatz früher Demokratiebewegungen auf deutschem Boden ist. Mehr Freiheit und die nationale Einheit waren Forderungen, die auf dem Hambacher Fest laut wurden. 1982 wurde das Hambacher Schloss grundlegend renoviert und als Gedenkstätte eingerichtet. Im Rahmen des vorerst letzten Umbaues 2007/08 wurde auch die Dauerausstellung neu konzipiert. Sie trägt den Titel: „Hinauf, hinauf zum Schloss!" Das Hambacher Schloss ist heute eine Station der 2007 eingerichteten „Straße der Demokratie", die von Frankfurt am Main bis nach Lörrach reicht.

Schlossstraße • 67434 Neustadt an der Weinstraße • Tel.: 06321 926290 • www.hambacher-schloss.de • Apr.–Okt. tägl. 10–18 Uhr, Nov.–März tägl. 11–17 Uhr

Erinnerung an die „Wiege der Demokratie" im Hambacher Schloss

KLEINE STADTGESCHICHTE

766 Erstmalige urkundliche Erwähnung des Dorfes „Mannenheim“ im Urkundenbuch des Klosters Lorsch.

1284 Mannheim im Besitz der Pfalzgrafen bei Rhein.

1556 Kurfürst Ottheinrich von der Pfalz führt die Reformation durch.

1606 Kurfürst Friedrich IV. legt den Grundstein zur Festung Friedrichsburg – der Stadtgrundriss der „Quadrate“ entsteht.

1607 Kurfürst Friedrich IV. verleiht Mannheim die Stadtprivilegien. Sie erscheinen in vier Sprachen.

1613 Verleihung von zwei Jahrmärkten zum 1. Mai und 22. September (Maimarkt/Maimess und Oktobermess).

1660 Dank der „Judenkonzession" dürfen sich jüdische Familien in Mannheim niederlassen.

1664 Die 14 Brauereien der Stadt werden nahezu ausnahmslos von Kolonisten betrieben, darunter auch Eichbaum.

1689 Mannheim wird im Pfälzischen Erbfolgekrieg durch französische Truppen zerstört.

1699 Der Wiederaufbau der nahezu vollständig zerstörten Stadt beginnt.

1720 Kurfürst Carl Philipp verlegt seine Residenz von Heidelberg nach Mannheim. Baubeginn des Barockschlosses (vollendet 1760). Mannheim ist Haupt- und Residenzstadt der Kurpfalz.

1743 Kurfürst Carl Theodor übernimmt die Herrschaft über die Kurpfalz – Beginn von Mannheims Blütezeit (Wirtschaft, Wissenschaft und Künste).

1778 Gravierender Einschnitt für die Zukunft der Stadt: Residenzverlegung Kurfürst Carl Theodors nach München.

1782 Uraufführung von Schillers Drama „Die Räuber" am Nationaltheater in B 3.

1795 Bombardierung der von den Franzosen besetzten Stadt durch die Österreicher infolge der Koalitionskriege; Mannheim erlitt schwere Schäden.

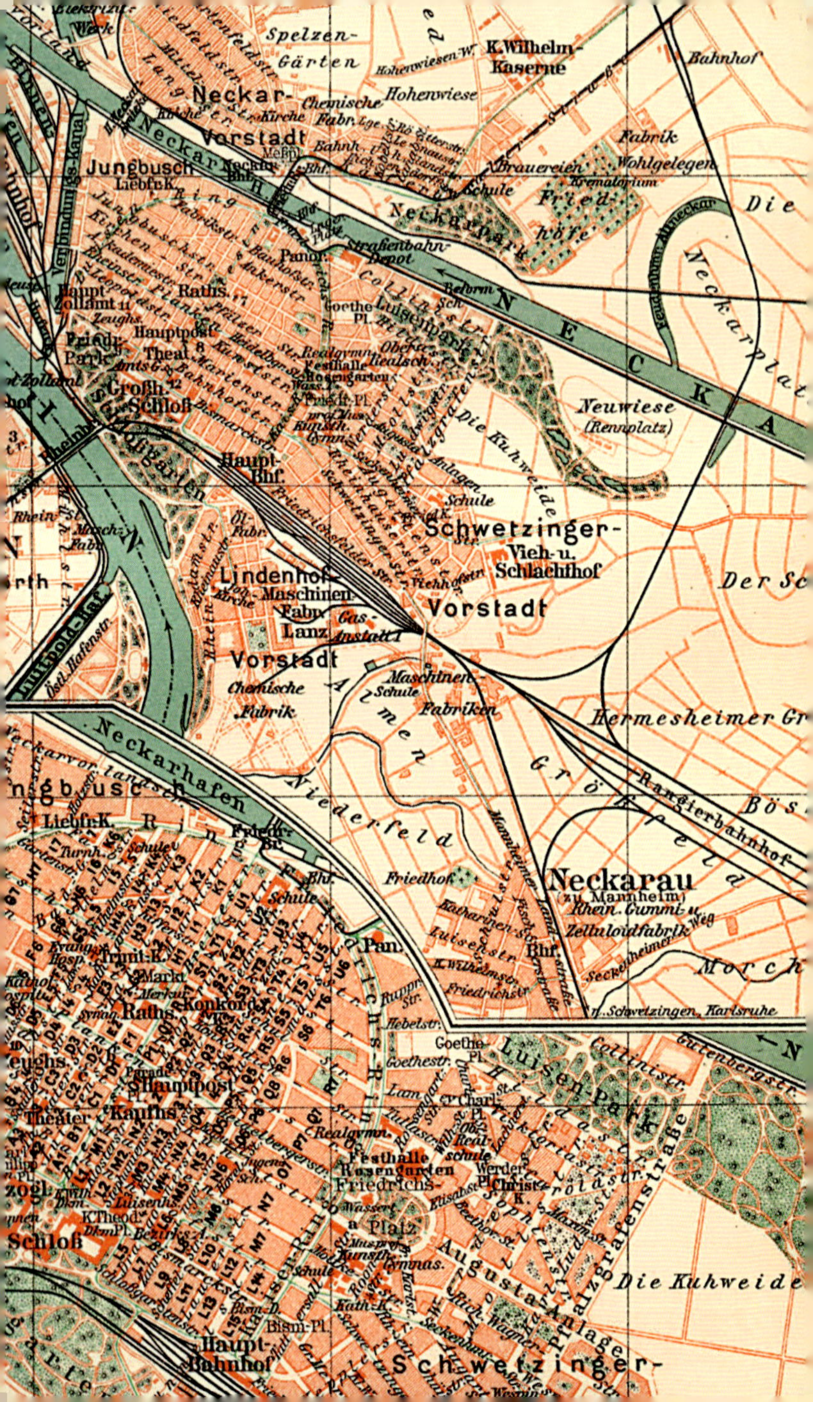

Spelzen-Gärten
K. Wilhelm-Kaserne
Hohenwiese
Neckar-Vorstadt
Chemische Fabr.
Bahnhof
Fabrik Wohlgelegen
Brauereien
Krematorium
Friedhöfe
Jungbusch
Neckarpark
Straßenbahn-Depot
Neckar
Luisenpark
Neuwiese (Rennplatz)
Die Kuhweide
Groß. Schloß
Haupt-Bhf.
Schwetzinger-Vorstadt
Vieh-u. Schlachthof
Lindenhof-Vorstadt
Maschinen-Fabr. Lanz
Gas-Anstalt
Chemische Fabrik
Maschinen-Fabriken
Hermesheimer Gr
Neckarhafen
Niederfeld
Rangierbahnhof
Friedhof
Neckarau (zu Mannheim)
Rhein. Gummi-u. Zelluloidfabrik
Luitpold-Haf.
Goethe-Pl.
Luisen-Park
Festhalle Rosengarten
Friedrichs-Platz
Augusta-Anlage
Die Kuhweide
Schloß
Haupt-Bahnhof
Schwetzinger-

Ab 1799	Die Festungsanlagen werden geschleift. In der Folge entsteht ein englischer Landschaftsgarten am Schloss.
1802	Mannheim fällt mit der rechtsrheinischen Kurpfalz an Baden.
1817	Erste Fahrt von Karl Drais mit seiner Laufmaschine von Mannheim nach Schwetzingen.
1819	Der russische Staatsrat August von Kotzebue wird durch den Studenten Karl Ludwig Sand in Mannheim ermordet; seine Ermordung nutze man als Rechtfertigung der „Karlsbader Beschlüsse" zur Überwachung und Bekämpfung nationaler Tendenzen.
1840	Der Rheinhafen und die Eisenbahnstrecke Mannheim–Heidelberg werden eröffnet.
1848/49	Revolution in Mannheim; 1849 wird Adolf v. Trützschler von preußischen Militärs erschossen.
1868	Unterzeichnung der Rheinschifffahrtsakte im Mannheimer Schloss.
1896/97	Mannheim zählt über 100.000 Einwohner.
1903	Eröffnung des Rosengartens als Veranstaltungs- und Konzertsaal.
1907	300-jähriges Stadtjubiläum – Einweihung der Kunsthalle mit einer Internationalen Kunstausstellung.
1933	Durch die NS-Zeit wird auch Mannheim „gleichgeschaltet", bleibt aber ein Zentrum des Widerstandes.
1938	In der „Reichskristallnacht" steht die Synagoge in F 2 in Flammen; jüdische Geschäfte werden demoliert und Menschen drangsaliert.

◀ Prosperierende Großstadt: Mannheim um 1900

1943 Schwerster Luftangriff der ab 1940 bombardierten Stadt. Am 5./6. September verliert die Stadt ihr barockes Erscheinungsbild.

1945 Nach 151 Luftangriffen ist die Hälfte der Stadt zerstört, die Bevölkerung ist von 280.000 auf 106.000 Einwohner gesunken.

1957 Das neue Nationaltheater wird am Goetheplatz eingeweiht.

1975 Bundesgartenschau in Mannheim; Mittelpunkte sind die neu gestalteten Anlagen von Luisen- und Herzogenriedpark; Einweihung des Fernmeldeturms.

2005 Mannheim wird Zentrum der Metropolregion Rhein-Neckar; die SAP-Arena öffnet als eine der modernsten ihrer Art in Deutschland im Bösfeld ihre Pforten.

2007 400-jähriges Stadtjubiläum; das Schloss erhält sein äußeres Erscheinungsbild zurück und ein sehenswertes Schlossmuseum im Corps de logis.

► Verlorene Pracht: der Große Bibliothekssaal des Mannheimer Schlosses ging 1943 in Flammen auf

GASTRONOMIE

Mannheim bietet „Lokalkolorit". Mehr als 170 Nationalitäten sind in der Quadratestadt zu Hause und haben kulinarische Spuren hinterlassen. So gibt es Heimisches, aber auch Exotisches und Orientalisches. Im Herbst/Winter findet man auf den Straßen Stände mit „heißen Maroni" und das ganze Jahr über Brezeln für den Hunger „zwischendurch". Dazu gesellen sich leckerstes italienisches Eis, türkische Spezialitäten, zunehmend Französisches, ein kultiges Sushi-Restaurant und Spitzengastronomie. Außerdem ist Mannemer Dreck süß und zum Verzehr bestens geeignet …

REGIONAL

1 Eichbaum Brauhaus Mannheimer Traditionsbrauerei mit traumhaftem Biergarten. 1679 von Jean de Chaine gegründet. Käfertaler Straße 168 • 68167 Mannheim Tel.: • 0621 35385 • www.eichbaumbrauhaus.de • tägl. 10–24 Uhr

2 Henningers Gutsschänke Regionale Küche mit Pfälzer Spezialitäten und Weinen in urig-rustikaler Atmosphäre; saisonale Gerichte. T6, 28/29 • 68161 Mannheim • Tel.: 0621 14912 • www.henningers-gutsschaenke.de • tägl. 17–1 Uhr

GEHOBEN

3 Doblers Garant für anspruchsvolle Kulinarik und erlesene Weine seit 30 Jahren. Seckenheimer Straße 20 • 68165 Mannheim • Tel.: 0621 14397 • www.doblers.de • Di.–Sa. ab 12 Uhr, ab 18.30 Uhr

◄ Edles Design und feinste Speisen inmitten der Quadrate bietet das „Opus V" in O 5

4 Marly Frankophil und mediterran mit Außenterrasse am Hafenkai. Ein Erlebnis für Sinne und Gaumen. Rheinvorlandstraße 7 • 68159 Mannheim • Tel.: 0621 86242121 • www.restaurant-marly.com • Di.–Sa. 12–15/19–24 Uhr

5 Le Comptoir 17 – Bistrot Parisien 2017 von der Zeitung „Der Feinschmecker" als „eines der 500 besten Restaurants für jeden Tag" ausgezeichnet. Lameystraße 17 • 68165 Mannheim • Tel.: 0621 73617000 • https://comptoir17.com • Di.–Sa. 12–14/18–23 Uhr

6 Restaurant Opus V Genießen über den Dächern der Stadt in der sechsten Etage des Engelhorn-Hauses, Gourmetküche mit zwei Michelin Sternen. O 5, 9–12 • 68161 Mannheim

• Tel.: 0621 1671155 • www.restaurant-opus-v.de • Di.–Sa. 18–22 Uhr

INTERNATIONAL

7 Restaurant C-Five Stilvolles Ambiente in der Zeughaus-Remise im Kugelgarten mit internationaler Küche und herrlicher Außenterrasse. C 5, 1 • 68159 Mannheim • Tel.: 0621 1229550 • www.c-five.de • Mo.–Sa. 12–14.30/18–23 Uhr, So. 12–14.30 Uhr

8 Da Vino Italienische und mediterrane Küche mit saisonaler Karte. S 6, 20 • 68161 Mannheim • Tel.: 0621 22522 • www.davino-mannheim.de • Mo./Sa./So. 18–24 Uhr, Di.–Fr. 12–14.30/18–24 Uhr

9 Akropolis Gehobenes Restaurant mit elegantem Ambiente. K 4, 11 • 68159 Mannheim • Tel.: 0621 21325 • www.akropolis1955.de • tägl. 18–2 Uhr

10 Istanbul Türkisches Restaurant am Marktplatz, garantiert immer lebhaft und gut besucht. Am Rande des türkischen Viertels „Klein Istanbul" gelegen. H 1, 14 • 68159 Mannheim • Tel.: 0621 20888 • www.istanbulrestaurant-cafe.de • tägl. 7–1 Uhr

11 Bustan Orientalische und authentische persische Küche seit 2015. Seckenheimer Straße 4–6 • 68165 Mannheim • Tel.: 0621 40040894 • www.bustan-restaurant.de • Di.–Fr. 12–14.30/17–23 Uhr, Sa. 12–23.30 Uhr, So. 12–22 Uhr

12 Indian Palace Atmosphärisches Restaurant mit sehr guter indischer Küche sowie Tandoori-Spezialitäten. L 14, 10 • 68161 Mannheim • Tel.: 0621 20408 • www.indianpalace-mannheim.de • tägl. 11.30–14.30/18–23.30 Uhr

13 Natthanicha Kleines, feines thailändisches Restaurant mit leckerer, authentischer Küche. R 3, 1 • 68161 Mannheim • Tel.: 0176 98230082 • www.natthanicha.sites.djangoeurope.com • Mo.–Sa. 12–15/17–21.30 Uhr

14 Tokyo Sushi Bar Mittlerweile eine Institution in Mannheim – auch für die Region. Sushi und mehr – feine japanische Küche in Mannheim. Q 4, 12 • 68161 Mannheim • Tel.: 0621 3365338 • www.tokyo-sushi-bar.de • Mo.–Sa. 12–15/17–22 Uhr

DAS BESONDERE

15 Eis Fontanella Seit 1933 in Mannheim, feinstes italienisches Eis von Dario Fontanella, Erfinder des Spaghetti-Eises, seit 1969 im Angebot, leckerste Eiskreationen. O 4, 5 • 68161 Mannheim • Tel.: 0621 23443 • www.fontanella.de • Mo.–Sa. 10–22 Uhr, So. 13–22 Uhr

16 Gasthaus am Fluss Herrliche Lage an der Rheinpromenade im einstigen Schlossgarten, innen Fensterplätze mit Blick auf den Rhein. Rheinpromenade 15 • 68163 Mannheim • Tel.: 0621 824161 • www.rheinterrassen.info • tägl. 11.30–24 Uhr

17 Müllers Restaurant & Café-Lounge Genießen auf dem Museumsschiff „Mannheim" unweit der Kurpfalzbrücke – so macht Museum Spaß! Neckarvorlandstraße 2 a • Auf dem Museumsschiff • 68159 Mann-

Ein alter Ausflugsbus auf den Spuren der Kurpfälzer Bierstraße vor dem Eichbaum-Brauhaus

heim • Tel.: 0621 86248661 • www.muellers-mannheim.de • tägl. 11–24 Uhr

18 Skyline-Drehrestaurant Einzigartiger Ausblick auf Stadt und Region, Drehrestaurant im Fernmeldeturm seit 1975 am Rande des Luisenparks. Genießen in 125 Metern Höhe, frische, regionale Küche. Hans-Reschke-Ufer 2 • 68165 Mannheim • Tel.: 0621 419290 • www.skyline-ma.de • Mo.–Sa. 10–24 Uhr, So. 10–22 Uhr

19 Zwieblers – Das Pfälzer Weinrestaurant Pfälzer Spezialitäten und regionale Weine mitten in Mannheim – so schmeckt die (Kur-)Pfalz! Friedrichsplatz 14 • 68165 Mannheim • Tel.: 0621 40042933 • www.zwieblers.de • tägl. 17–1 Uhr

20 Keller's Weinrestaurant Rustikales Flair, deutsche Küche und über 40 offene Weine namhafter Weingüter. U 2, 2 • 68161 Mannheim • Tel.: 0621 23677 • www.kellers-weinrestaurant.de • Di.–Do. 16–24 Uhr, Fr.–So. 11.30–24 Uhr

GUT UND GÜNSTIG

21 Alter Simpl Restaurant mit gutbürgerlicher Küche und kleinem Hotel im Herzen der Quadrate. P 4, 8 • 68161 Mannheim • Tel.: 0621 158080 • www.alter-simpl-mannheim.de • Mo.–Sa. 10–24 Uhr, So. 11–23 Uhr

22 Café Vienna Gemütliches Café mit kleiner Karte und gemischtem Publikum von Jung bis Alt. S 1, 15 • 68161 Mannheim • Tel.: 0621 4396217 • www.cafevienna.de • So.–Do. 10–2 Uhr, Fr./Sa. 10–3 Uhr

CAFÉS UND BISTROS

23 Café CaT – Coffee and Tea Gemütliches und modernes Café mitten im Stadtzentrum, Kuchen und Torten der Conditorei Erdmann aus Leutershausen. O 3, 1, 68161 Mannheim • Tel.: 0621 33651693 • www.cafe-cat-mannheim.de • Mo.–Fr. 10–18 Uhr, Sa. 10–19 Uhr, So. 13–18 Uhr

Kurpfälzer Gastlichkeit

24 Café Prag Stilvolles Café in der Börse, war auch schon Filmkulisse, schöne Atmosphäre. E4, 17 • 68159 Mannheim • Tel.: 0174 2387248 • www.facebook.com/seit2002/ • Mo.–Sa. 10–18 Uhr

25 Café Brue Mannheimer Kaffeekultur im neuen Stadtquartier Q6/Q7; Espressomaschine, handgefilterter Kaffee, Kaffeesiphon oder Cold Drip – Kaffee in seiner Vielfalt genießen. Q7, 27 • 68161 Mannheim • Tel.: 0621 336500 • www.cafebrue.de • Mo.–Sa. 10–20 Uhr, So. 13–18 Uhr

26 Bistro Binokel Ältestes Mannheimer Bistro im klassischen französischen Bistro-Stil, herrliche Lage in einem Altbau an den Kapuzinerplanken. O7, 1 • 68181 Mannheim • Tel.: 0621 23074 • www.mybinokel.de • Mo.–Do. 9–1 Uhr, Fr./Sa. 9–2 Uhr, So. 10–1 Uhr

27 Baguetterie Le Toulonnais Ein Hauch von Frankreich in Mannheim, seit 2010; Angebot von variationsreichen, überbackenen Baguettes und frischen Salaten – auch zum Mitnehmen! N4, 1 • 68161 Mannheim • Tel.: 0621 44588668 • www.letoulonnais.de • Mo.–Sa. 10–21 Uhr

28 Hellers Vegetarisches Restaurant und Café SB-Restaurant mit eigenem Café-Shop; seit Jahren feste Größe in der Region, schöner Garten und Wintergarten und vor allem vegetarisch, vegan, vollwertig und bio! N7, 13 • 68161 Mannheim • Tel.: 0621 120720 • www.hellers-restaurant.de • Mo.–Fr. 11–20 Uhr, Sa. 11–17 Uhr, So. 11.30–15 Uhr

KNEIPEN UND BARS

29 Palm's Pacific Lounge Internationale Küche, Cocktailbar und Raucherlounge. P6, 25 (Plankenhofpassage) • 68161 Mannheim • Tel.: 0621 7189890 • www.palms-ma.de • Mo. 9–24 Uhr • Di.–Do. 9–1 Uhr, Fr./Sa. 9–2 Uhr, So. 17–24 Uhr

30 Barrios Mannheim Kubanisches Nachtleben, Salsa-Musik, über zehn Jahre in der Stadt, Livemusik, sehr angesagt und gesellig. Q5, 4 • 68161 Mannheim • Tel.: 0621 1781356 • www.barrios-mannheim.de • tägl. 17–2 Uhr

31 O'Reilly's Irish Pub Livemusik, Dart und leckeres Bier. L15, 7–9 • 68161 Mannheim • Tel.: 0621 27383 • www.oreillys-mannheim.de • tägl. 19–3 Uhr

32 Café/Bar Alte Feuerwache Wohnzimmeratmosphäre, gemütlich, unvergleichlich. Brückenstraße 2 • 68167 Mannheim • Tel.: 0621 12823795 • www.altefeuerwache.com • Mo.–Do.

Museumsschiff Mannheim – hier lässt es sich trefflich einkehren!

10–1 Uhr, Fr. 10–3 Uhr, Sa. 13–3 Uhr, So./Feiertage 13–1 Uhr

33 Bootshaus Mannheim Restaurant und Event-Location mit Sonnenterrasse am Neckarufer neben dem Fernmeldeturm. Hans-Reschke-Ufer 3 • 68165 Mannheim • Tel.: 0621 3247767 • www.bootshaus.net • Di.–Sa. 17 Uhr bis spät, So. 10–22 Uhr

34 Die Metzgerei Originelle Lokalität in einer ehemaligen Metzgerei, leckere Flammkuchen und Picknickkörbe. Rheinparkstraße 4 • 68163 Mannheim • Tel.: 0621 83252615 • www.diemetzgerei-mannheim.de • tägl. 9–22 Uhr

IN DER REGION

35 Schwetzinger Brauhaus zum Ritter Tradition seit 1831, unmittelbar gegenüber vom Schloss gelegen, Außenterrasse am Schlossplatz, Hausbrauerei mit leckersten Bierkreationen (Blonder, Schwarzer, Weißer oder Wilder Ritter). Schlossplatz 1 • 68723 Schwetzingen • Tel.: 06202 924950 • www.brauhaus-zum-ritter.de • Mo. 11.30–23 Uhr, Di.–Sa. 11.30–24 Uhr, So. 11.30–23 Uhr

36 Kurfürstenstube Ehemaliges Wachhäuschen des Schlosses, zauberhaftes Ambiente, hausgemachte Kuchen, kleine Auswahl an warmen und kalten Gerichten. Schloßstraße 4 • 68723 Schwetzingen • Tel.: 06202 14656 • www.kurfuerstenstube-schwetzingen.de • tägl. 10–18 Uhr

37 Privatbrauerei Gebr. Mayer 1846 gegründet, älteste Brauerei der Pfalz. Schillerstraße 8 • 67071 Ludwigshafen am Rhein • Tel.: 0621 675077 • www.mayers-brauhaus.de • tägl. 11–mind. 22 Uhr

38 Kabinett Bistro und Café, leckerster Flammkuchen, schöne Außenbewirtschaftung im Sommer, angenehme Atmosphäre im Hof des Schlosses Herrnsheim. Herrnsheimer Hauptstraße 1a • 67550 Worms-Herrnsheim • Tel.: 06241 8545626 • www.kabinett-worms.de • Di.–So. 9–18 Uhr

EINKAUFEN

Mannheim zieht an, Mannheim ist vorn. Ganz vorn sind die Planken als die Einkaufstraße der Stadt für Mode und mehr, für Designerware und Klamotten von der Stange. Gleich nebenan liegen Fressgasse mit dem neuen Stadtquartier Q 6/Q 7 und Kunststraße mit den eher intimen Kapuzinerplanken, wo alljährlich ein kleiner feiner Weihnachtsmarkt Besucherherzen höherschlagen lässt. Und das Herz bildet nach wie vor der Paradeplatz! Nicht zu vergessen: die edlen Passagen wie Plankenhof- oder Kurfüstenpassage!

BÜCHER

1 Quadrate-Buchhandlung Buchhandlung mit angeschlossenem Antiquariat und kleinem Verlag, starkes Engagement für die Region und Dependenzen in den „rem" in C 5 und D 5. R 1, 7 • 68161 Mannheim • Tel.: 06 21 21959 • www.quadratebuchhandlung.de • Mo.–Fr. 9–18 Uhr, Sa 9–13 Uhr

2 Bücher Bender Älteste Mannheimer Buchhandlung seit 1775, inhaber- und familiengeführt mit Filiale an der Uni Mannheim. O 4, 2 • Tel.: 0621 129710 • www.buecher-bender.de • Mo.–Fr. 9.30–19 Uhr, Sa 9.30–18 Uhr

3 Bernhardus-Buchhandlung Christliche Buchhandlung, die den Himmel stets im Blick behält und alles Wissenswerte über Gott und die Welt vereint. C 3, 8 • Tel.: 0621 26729 • www.bernhardus-buch.de • Mo.–Fr. 9.30–18.30 Uhr, Sa 9.30–13.30 Uhr

◀ Ein Weltstadthaus für Mannheim – Haus P&C in O 3

4 Paper Street Comic Company Die Welt der Comics und Mangas. S 2, 18 • Tel.: 0621 39745793 • www.paperstreetcomiccompany.com • Mo.–Fr. 10–19 Uhr, Sa. 10–17 Uhr

FAIRER HANDEL

5 Weltladen Mannheim Stehcafé, Fairer Handel, Lebensmittel, Kosmetik, Textilien, Kleidung, Handwerk und Klangschalen; zahlreiche Veranstaltungen. S 2, 3 • Tel.: 0621 26064 • www.weltladen-mannheim.de • Mo.–Sa. 10–18 Uhr

FEINKOST UND DELIKATESSEN

6 Südlandhaus Feinste Produkte seit 1949. Was mit Röstkaffee und Südfrüchten begann, ist heute ein

Mode im Weltstadthaus

Traum edelster Produkte: Wein- und Spirituosenabteilung, Frischetheke, feine Backwaren, Confiserie und mehr machen das Geschäft in der Fressgasse zu einem Mekka für Genießer. Eines der besten Weinsortimente in Deutschland. P 3, 8–9 (Fressgasse) • Tel.: 0621 24302 • www.suedland haus.de • Mo.–Fr. 9.30–19 Uhr, Sa. 9.30–17.30 Uhr

SCHOKOLADE

7 Chocolat Noir Ein wahres Refugium für Genießer feiner Schokoladen; rund 100 verschiedene Schokoladen- und Pralinenvariationen; Herrliches Ambiente im Stil der 1920er Jahre. L 8, 4 • 68161 Mannheim • Tel.: 0621 39749944 • www.chocolatnoir.de • Mo.–Fr. 10–18 Uhr, Sa. 10–16 Uhr

8 Pralissimo – Schokoladenhaus Rinderspacher Purer Genuss seit 1916, mit innovativen Ideen und größerem Geschäft heute in der edlen Kurfürstenpassage zu Hause. Hier gibt's neben der Confiserie auch ein Café und seit 2013 in der Berliner Straße 18 (nahe Rosengarten) eine Backstube mit Manufaktur und leckersten hausgemachten Kuchen wie zu Omas Zeiten – ein Muss! P 7, 24 • 68161 Mannheim • Tel.: 0621 25116 • www.pralissimo.de • Mo.–Fr. 10–18 Uhr, Sa. 10–17 Uhr

MODE, COUTURE UND OUTDOOR

9 Engelhorn Ein Name, der eng mit der Stadt verbunden ist. Fashion und Sport, Lifestyle und Innovation, dafür ist Engelhorn bekannt. Mode auf 17.000 Quadratmetern und acht Etagen bietet allein das Stammhaus O 5! O 5 • 68161 Mannheim • Tel.: 0621 167 0100 • www.engelhorn.de • Mo.–Sa. 10–20 Uhr

10 Peek & Cloppenburg Die Architektur des renommierten, weltberühmten New Yorker Architekten Richard Meier setzt Maßstäbe in Mannheim. P&C betreibt an den Planken eines seiner Weltstadthäuser mit rund 11.000 Quadratmetern Verkaufsfläche. Es ist ein lichtdurchflutetes Haus, das zum 400-jährigen Stadtjubiläum 2007 eröffnet wurde. Transparenz und Offenheit verkörpern die Idee des Architekten. So wird das Gebäude einmal mehr zum Schaufenster der Mode an Mannheims beliebtester Einkaufsmeile. O 3, 2–8 • 68161 Mannheim • Tel. 0621 97606011 • www.peek-cloppenburg.de • Mo.–Sa. 10–20 Uhr

KONDITOREI UND CAFÈ

11 Herrdegen Das Traditions-Café in Mannheim mit feiner, erlesener Konditorei, Keimzelle des „Mannemer Dreck" in Mannheims Fressgass(e). Eines der wenigen alten Cafés der Stadt mit Stil. E 2, 8 (Fressgasse) • Tel.: 0621 20185 • www.cafe-herrdegen.de • Mo.–Fr. 9–18 Uhr, Sa. 8.30–17.30 Uhr

12 Konditorei Café Wissenbach Hervorragende Kuchen und exzellente Torten eines alteingesessenen Geschäftes im Herzen der Mannheimer Neckarstadt. Mittelstraße 55 • 68169 Mannheim • Tel.: 0621 312181 • www.konditorei-cafe-wissenbach.de • Mo.–Fr. 9–18.30 Uhr, Sa. 9–18 Uhr, So. 10–18 Uhr

KUNST UND KUNSTHANDWERK

13 Buchbinderei Annette Schrimpf Lebendige Tradition seit über 100 Jahren in der Neckarstadt, tolle Workshops zum Buchbinden und zur Fotografie. Die Inhaberin ist passionierte Fotografin und betreibt eine feine Papeterie. Waldhofstraße 8 • Tel.: 0621 333189 • www.buchbinderei-schrimpf.de • Di./Do./Fr. 9–12.30/14–18 Uhr, Mi 9–12.30 Uhr, Mo. und Mi. nachmittags nach Vereinbarung

14 Hohagen Die Goldschmiede in Mannheims edelster Passage zwischen Planken und Fressgasse. Das Besondere: Goldschmiedekurse für kleine Gruppen! P 7, 24 (Kurfürstenpassage) • 68161 Mannheim • Tel.: 0621 824947 • www.goldschmiede-hohagen.de

15 Franz Bausback Wer einen erlesenen Teppich sucht, ist hier genau richtig – seit 1925! Hinzu kommen Ausstellungen, Beratung, Restaurierungen und Gutachten – eben das ganze Spektrum in perfekter Qualität. N 3, 9 (Kunststraße) • 68161 Mannheim • Tel.: 0621 129280 • www.bausback.de • Mo.–Fr. 10–12.30/13–18.30 Uhr, Sa. 10–15 Uhr

ÜBERNACHTUNG

Mannheims Hotellerie ist bunt und vielfältig. Neben Traditionsstandorten in der Augustaanlage, am Friedrichsplatz oder in Mannheims ältestem Gasthaus in Feudenheim, bestehen neu eröffnete Häuser in den Quadraten und am Rhein, die ihresgleichen suchen. Wohlfühlcharakter aber bieten alle, bis hin zu den Privatquartieren, die man mittlerweile ganz modern per Airbnb buchen kann. Dann wohnt man mitten unter den (Wahl-)Mannheimern, ganz dicht am Geschehen.

GEHOBEN BIS LUXURIÖS

1 Dorint Kongresshotel Mannheim Das Kongresshotel in Mannheim direkt neben dem Congress Center Rosengarten; zentral gelegen auch für Städtetripps ideal, Langschläferfrühstück an Sonn- und Feiertagen bis 14.30 Uhr, Erholung garantiert! Friedrichsring 6 • 68161 Mannheim • Tel.: 0621 12510 • www.hotel-mannheim.dorint.com

2 Radisson Blu Hotel 4-Sterne-Superior im Herzen der Quadrate inmitten des neuen Stadtquartiers Q 7 unweit vom Congress Center Rosengarten, von Wasserturm und Planken entfernt. Weitläufige Dachterrasse mit Panoramablick, Hotellobby mit integrierter historischer Stadtmauer. Q 7, 27 • 68161 Mannheim • Tel.: 0621 336500 • www.radissonblu.com/de/hotel-mannheim

◄„Speicher 7" – Übernachten im ehemaligen Getreidespeicher

3 Leonardo Royal Hotel Mannheim 4-Sterne-Superior am Eingang der Augustaanlage unweit des Wasserturms und des Congress Centers Rosengarten. Ältestes Luxushotel der Stadt mit 192 traumhaft-gemütlichen Zimmern. Augustaanlage 4–8 • 68165 Mannheim • Tel.: 0621 40050 • www.leonardo-hotels.de/leonardo-royal-hotel-mannheim

4 Maritim Hotel Mannheim Unmittelbar an Wasserturm und Kunsthalle gelegen, Traditionshaus mit 173 Zimmern und teils schönsten Ausblicken auf Mannheims schönsten Platz, exklusives Ambiente im Renaissance-Stil. Friedrichsplatz 2 • 68165 Mannheim • Tel.: 0621 15880 • www.maritim.de/de/hotels/deutschland/hotel-mannheim

KOMFORTABLE MITTELKLASSE

5 Hotel Mack 3-Sterne-Haus in traumhaftem Jugendstilgebäude unweit des Nationaltheaters, familiäre Atmosphäre in ruhiger Innenstadtlage. Mozartstraße 14 • 68161 Mannheim • Tel.: 0621 12420 • www.hotel-mack.de

6 Augusta Hotel Wunderbare Lage an Mannheims schönster Allee. 3 Sterne Superior, Nichtraucherhotel. Augustaanlage 43–45 • 68165 Mannheim • Tel.: 0621 42070 • www.mannheim.cph-hotels.com

PREISWERT

7 Jugendherberge Mannheim International Bezaubernde Lage im alten Schlosspark im Stadtteil Lindenhof – mitten im Grünen und dennoch zentrumsnah. 258 Betten in 73 Zimmern, alle mit Waschbecken, Dusche und WC. Rheinpromenade 21 • 68163 Mannheim • Tel.: 0621 822718 • www.mannheim-jugendherberge-bw.de

8 Campingplatz Mannheim-Strandbad Zauberhafte Lage am Rhein, zentrumsnah, im Stadtteil Neckarau, geöffnet jährlich von April bis September, barrierefreies WC, Wickelraum, Spül- und Kochküche, Waschmaschine/Trockner, Gasflaschentausch. Strandbadweg 1 • 68199 Mannheim • Tel.: 0176 55422268 • www.campingplatz-mannheim-strandbad.de

DAS BESONDERE

9 Speicher 7 Hafen, Hotel und Bar in einem charakteristischen Getreidespeicher der 1950er Jahre. Einzigartig in Mannheim mit 20 Zimmern und Lounges und Terrasse zum Fluss. Bäder mit Rheinblick! Rheinvorlandstraße 7 • 68159 Mannheim • Tel.: 0621 1226680 • www.speicher7.com

10 SYTE Design-Boutique-Hotel; außergewöhnliches Ambiente, stilvoll und individuell in einem denkmalgeschützten Gebäude in verkehrsgünstiger Lage. Erholen, entspannen und genießen unweit von Hauptbahnhof und Wasserturm. Tattersallstraße 2 • 68165 Mannheim • Tel.: 0621 4907670 • www.sytehotel.de

11 Kleiner Rosengarten First Class Hotel in einem stilvollen Altbau mit hohen Stuckdecken, lichtdurchfluteten Räumen und großzügigen Grundrissen in den Quadraten. U6, 19 • 68161 Mannheim • Tel.: 0621 1234769100 • de.kleiner-rosengarten.com

12 Gasthaus zum Ochsen Ältestes Gasthaus Mannheims im Stadtteil Feudenheim. Im 1632 errichteten, denkmalgeschützten Haus treffen Tradition und Moderne aufeinander. Man kann bequem logieren und exzellent speisen. Hauptstraße 70 • 68259 Mannheim • Tel.: 0621 799550 • www.ochsen-mannheim.de

► Moderne trifft Hafen – das Hotel erobert ein Stück Stadt zurück – Chapeau!

KULTUR UND FREIZEIT

Auch kulturell ist Mannheim vorn … Klassik trifft Pop, die Schillerbühne trifft Mundart im Oststadttheater und „Kleinkunst" in der „Klapsmühl am Rathaus" auf Massenspektakel in der SAP-Arena mit Bülent Ceylan oder Xavier Naidoo. Unter Tausenden von Veranstaltungen jährlich findet man über zehn internationale Festivals und Angebote von rund 30 Museen und Galerien. Und Erholungssuchende, Sonnenhungrige und Badefans haben freie Auswahl: Rheinpromenade, Strandbad oder ein Ausflug ins kultige Miramar nach Weinheim.

MUSEEN UND SAMMLUNGEN

1 rem „Eines der renommiertesten Ausstellungshäuser Europas" titelt die Homepage der „rem". Nachts wird das Haus zum Kunstobjekt von Elisabeth Brockmann mit der Lichtinstallation „LUX" auf 1.000 Quadratmetern. Namhafte Sonderausstellungen machen die „rem" immer wieder zum Magneten der Besucher. Präsentiert werden im Zeughaus C 5 überdies sakrale Kunstschätze und „Kosmos Kunst" mit über 500 Meisterstücken von Möbeln, Porzellanen und Silberarbeiten auf zwei Etagen. Hinzu treten Theater- und Antikensammlung. In D 5 wartet mit dem „Museum Weltkulturen" das zweite Haus, in C 4, 9 das Museum Bassermannhaus für Musik und Kunst und in B 5, 7 das „literaturforum Schillerhaus". Alle gehören zu einem riesigen Museumsquartier mit vier Ausstellungsorten, 12.600 Quadratmetern Ausstellungsfläche und mehr als 1,2 Millionen Objekten. Reiss-Engelhorn-Museen • Museum Weltkulturen D 5 • 68159 Mannheim • Tel.: 0621 2933150 • www.rem-mannheim.de • Di.–So. 11–18 Uhr

◀ Und der Kurfürst nimmt sein neues altes Schloss in Augenschein – 2007 eröffnet: das Schlossmuseum

2 Schlossmuseum Eines der größten Schlösser Europas, Beletage mit Schauräumen, über 800 Exponaten und 21 großformatigen Tapisserien im Kaiserlichen Quartier, feine Silberarbeiten und Gemälde sowie ein zauberhaftes Bibliotheks- und Gartenkabinett im Erdgeschoss. Im Barockschloss taucht man in die Kurpfalz von ihrer schönsten Seite ein! Bismarckstraße 10 • 68161 Mannheim • Tel.: 06221 658880 (Service-Center) und 0621 2922891 (Besucherzentrum) • www.schloss.mannheim.de • Di.–So. 10–17 Uhr • Buchungen von Führungen: Sa./So. stündlich

3 Kunsthalle Eldorado für Kunstfreunde ab Juni 2018; eine der renommiertesten bürgerschaftlichen Sammlungen Deutschlands; Spitzenwerke von Manet bis Bacon; heutiger Schwerpunkt auf Skulpturen. Friedrichsplatz 4 • 68165 Mannheim • Tel.: 0621 2936452 oder 2936430 • https://kuma.art • Di.–So. 10–18 Uhr, Mi. 10–20 Uhr, 1. Mi. im Monat 18–22 Uhr (ab Juni 2018)

4 Museumsschiff Historischer Schaufelraddampfer für 2.500 Passagiere; Exponat des Technoseums und Ausstellungsplattform; Führungen, bei der Dampfmaschine und Schaufelräder in Aktion zu erleben sind. Das Museumsschiff ist Teil der Dauerausstellung des Technoseums, eine Karte vom Haupthaus gilt am selben Tag auch auf dem Schiff. An der Kurpfalzbrücke • 68167 Mannheim • Tel.: 0621 1565756 • www.technoseum.de/ausstellungen/museumsschiff • tägl. 14–18 Uhr

5 Technoseum Eines der großen Technikmuseen in Deutschland mit mehr als 8.000 Quadratmetern Ausstellungsfläche; Präsentation von 200 Jahren Technik- und Sozialgeschichte des deutschen Südwestens. Museumsstraße 1 • 68165 Mannheim • Tel.: 0621 42989 • www.technoseum.de • tägl. 9–17 Uhr

6 Erkenbert-Museum Frankenthal Sehenswerte Dauerausstellung zur Stadtgeschichte, Kunst- und Kultur Frankenthals über 1.500 Jahre; einstmals dritte Hauptstadt der Kurpfalz mit bedeutender Porzellanmanufaktur und wundervollen Exponaten. Rathausplatz • 67227 Frankenthal • Tel.: 06233 89763 (Kasse) • www.frankenthal.de/erkenbert-museum • Di. 10–18 Uhr, Mi.–So. 14–18 Uhr

7 Carl-Benz-Haus Ladenburg Carl Benz, Erfinder des Automobils, lebte von 1905 bis zu seinem Tod 1929 in Ladenburg. Sein Wohnhaus birgt heute ein sehenswertes Museum. Im Garten findet man die älteste Garage der Welt! Die Stadt liegt an der Bertha Benz Memorial Route und am Neckartal-Radweg. Dr.-Carl-Benz-Platz 2 • 68526 Ladenburg • Tel.: 06203 10920 • www.daimler-benz-stiftung.de

8 Lobdengau-Museum Ladenburg Reichhaltige Sammlungen zum römischen Lopodunum, zur Archäologie, Stadtgeschichte und Volkskunde auf vier Ebenen. Amtshof 1 • 68526 Ladenburg • Tel.: 06203 70271 • www.lobdengau-museum.de • Mi. 15–18 Uhr, Sa. 14–17 Uhr, So. 11–17 Uhr

9 Schillerhaus Ludwigshafen-Oggersheim Kleines, feines Museum zu Schillers Flucht aus Stuttgart 1782 und Aufenthalt im einstigen Oggersheimer „Viehhof"; kleine feine Sammlung zum Frankenthaler Porzellan, Modell zum Schloss und Garten Oggersheim. Schillerstraße 6 • 67071 Ludwigshafen • Tel.: 0621 5042572 • www.ludwigshafen.de/lebenswert/stadtmuseum/schillerhaus • Mi. 10–12/13–18 Uhr, Fr. 13–17 Uhr

10 Schloss und Schlossgarten Schwetzingen Es sieht aus, als wären „Kurfürstens" mal eben zur Tür hinaus, wenn man das Schloss durchstreift. Das ist absolut lohnenswert (nur mit Führung), man erfährt vielerlei zum Alltag des Hofes und der Bediensteten; zu den Besonderheiten des Schlossparks zählen des barocke Theater (Mittelpunkt der Schwetzinger Festspiele), das intime spätbarocke Badhaus, die türkische Moschee oder das „Ende der Welt" mit zauberhaftem Perspektiv – für große und kleine Besucher eine ganz eigene Erlebniswelt! Die Innenräume sind nur im Rahmen einer Führung zu besichtigen. Schloss

Mittelbau • 68723 Schwetzingen • Tel.: 06221 658880 •www.schloss-schwetzingen.de • Schlossgarten: tägl. 9–20 Uhr (Okt.–März bis 17 Uhr)

11 Schloss und Garten Weinheim Wer denkt, Exoten und Mammutbäume gäbe es nur im angrenzenden Exotenwald, der hat den Weinheimer Schlosspark glatt verpasst. Zwar residiert im kurfürstlichen Schloss heute die Stadtverwaltung, doch unten lässt sichs trefflich tafeln und der englische Landschaftsgarten ist herrlich zum Entspannen. Stadt- und Tourismusmarketing Weinheim e.V. • Hauptstraße 47 • 69469 Weinheim • Tel.: 06201 874450 • www.weinheim-marketing.de

12 Schloss und Garten Worms-Herrnsheim Immer noch ein Geheimtipp sind Schloss- und Park Herrnsheim, rund fünf Kilometer nordwestlich vor den Toren von Worms. Der einstige Stammsitz derer von Dalberg verfügt neben einem traumhaften Schloss mit holzvertäfelter, mehrgeschossiger Turmbibliothek und Saal mit Pariser Bildtapete auch über einen einzigartigen englischen Landschaftsgarten. Paare lassen sich hier gerne trauen! Ach ja, das Schloss gilt als eines der repräsentativsten herrschaftlichen Bauwerke Rheinhessens, sein zugehöriger Garten als schönster englischer Landschaftsgarten in Rheinland-Pfalz. Also: hinfahren! Tourist-Information Worms • Neumarkt 14 • 67547 Worms • Tel.: 06241 8537306 • www.worms.de

KONZERT, THEATER UND KLEINKUNST

13 Nationaltheater (NTM) Schillerbühne, seit 1778, Vierspartentheater, festliche Opernabende mit Sängerinnen und Sängern der großen Häuser, Schillertage (alle zwei Jahre) mit Schillers Werken in internationaler zeitgenössischer Rezeption und Interpretation, Imaginale als Internationales Figurentheaterfestival Baden-Württemberg – Das Theater ist ein MUSS bei Ihrem Mannheim-Besuch! Goetheplatz • 68161 Mannheim • Tel.: 0621 16800 www.nationaltheater-mannheim.de

14 Oststadttheater Heiteres Mundart- und Boulevardtheater; seit 1990 eine feste Größe; erste Spielstätte im Kahnweiler-Saal der Kunsthalle am Friedrichsplatz in der Oststadt; hier führt Hans-Joachim Heist Regie, der den Meisten als „Gernot Hassknecht" in der „heute-Show" bekannt ist – unbedingt Karten reservieren! Stadthaus N 1, 1 • 68161 Mannheim • Tel.: 0621 16060 • www.oststadt-theater.de

15 Capitol Es fasst 666 Besucherinnen und Besucher sitzend und rund 1.200 stehend und ist aus dem kulturellen Leben der Region nicht mehr wegzudenken; das Eventhaus Capitol bietet spannende Eigenproduktionen wie „Karl Drais – die treibende Kraft" oder das kultige „Weiße Rössl" als Musical in drei Akten. Hier ist immer was Spannendes los! Hingehen! Waldhofstraße 2 • 68169 Mannheim • Tel.: 0621 40171400 • www.capitol-mannheim.de

16 Kulturzentrum Alte Feuerwache Seit 2005 gemeinnützige Tochtergesellschaft der Stadt Mannheim; lebendiges Haus mit dem Jungen Nationaltheater (NTM) und Studio Feuerwache, den Werkstätten des Bezirksverbands Bildender Künstler, des freien Radios „bermuda.funk", der IG Jazz und Probenräumen. Heute spannende Mischung aus Konzerten, Literatur und Poetry Slam, kultigen Partys und Kunstprojekten. Brückenstraße 2 • 68167 Mannheim • Tel.: 0621 16800 (Junges NTM) bzw. 0621 2939281 • www.altefeuerwache.com

17 theater oliv Gemütliches Kellergewölbe mit 50 Sitzplätzen und einem Programm aus Schauspiel, Kabarett, Komödie, Lesungen und Musikinszenierungen, etwa „Mannheimer Bordellgeschichten"; und nichts liegt näher als die Lupinenstraße im gleichen Stadtviertel. Am Messplatz 7 • 68169 Mannheim • Tel.: 0621 8191477 • www.theateroliv.de

18 Kabarett Dusche Traditionskabarett mitten in den Quadraten, gegründet 1982 – heute zu den renommierten und etablierten Kabarett- und Comedy-Theatern in Deutschland, geöffnet an 240 Tagen jährlich. Zu den bekannten Künstlern, die hier auftraten und -treten gehör(t)en Dieter Hildebrandt, Dieter Nuhr, Gerd Dudenhöfer und Dr. Eckhard von Hirschhausen. D 6, 3 • 68159 Mannheim • Tel.: 0621 22488 • www.kabarett-dusche.de

19 Schatzkistl Musik-Kabarett mit intimer Atmosphäre und einzigartiger Nähe zum Publikum, 180 Veranstaltungen pro Spielzeit mit Eigenproduktionen sowie Gastspielen regionaler und überregionaler Künstler. Augustaanlage 4–8 • 68165 Mannheim • Tel.: 0621 1224887 • www.schatzkistl.de

KINO

20 CinemaxX Mannheim Das Kino verfügt über 2.636 Plätze in zehn Sälen und zählt zu den größten Kinos der Cineplex-Gruppe. N 7, 17 • 68161 Mannheim • Tel.: 0180 5625466 • www.cineplex.de/mannheim

21 Cineplex Mannheim Das Kino an den Planken bietet in acht Kinosälen 1.079 Sitzplätze. P 4, 13 • 68161 Mannheim • Tel.: 0180 5625466 • www.cineplex.de/mannheim

22 Odeon Kleines Programmkino mit ausgewählten Filmen in digitaler Technik abseits des Mainstreams, familiär. G 7, 10 • 68159 Mannheim • Tel.: 0621 1565509 • www.atlantis-kino.de

23 Atlantis Seltene und anspruchsvolle Filme, schöner Kinosaal. K 2, 32 • 68159 Mannheim • Tel.: 0621 21200 • www.atlantis-kino.de

LIVEMUSIK UND TANZLOKALE

24 MS Connexion Complex Techno, Drum 'n' Bass und Gothic bei Neonlicht in einer umgebauten Fabrik; Livekonzerte in der Kolbenhalle, Club und Party in Kolbenhalle, Maschinenhalle, Stahlwerk, Treibhaus und Klub. Angelstraße 33 • 68199 Mannheim • Tel.: 0621 8544156 • www.msconnexion.com

25 Soho Gemischt: Hip-Hop, Musik der 90er/00er, Rock, House, Electro, Tech House, Funk, RnB, Indie, Urban Pop. J 7, 16 • 68159 Mannheim • Tel.: 0621 13382 • www.soho-club.de • Mo./Mi./Do. 23–4 Uhr, Fr./Sa. 23–5 Uhr

26 Hafen 49 Open Air Club mit House und Techno. Hafenstraße 49 • 68159 Mannheim • Tel.: 0621 181919294 • www.hafen49.de

27 Blau Ungezwungen, Livemusik, Tanzfläche, kultig, Tischkicker. Jungbuschstraße 14 • 68159 Mannheim • Tel.: 0621 153271 • www.blau-jungbusch.de • Di.–Sa. 20–3 Uhr

GALERIEN

28 Port 25 – Raum für Gegenwartskunst Sechs Ausstellungen pro Jahr werden von Führungen und Vorträgen begleitet. Künstler aus der Region werden gemeinsam mit internationalen künstlerischen Positionen gezeigt. Hafenstraße 25–27 • 68159 Mannheim • Tel.: 0621 33934397 • www.port25-mannheim.de • Mi.–So. 11–18 Uhr

29 Galerie Zephyr – Raum für Fotografie Seit 2005, öffentlicher Ausstellungsraum für zeitgenössische Fotografie in Deutschland; Einzel-, Gruppen- und Themenschauen; seit 2010 im Obergeschoss des Bassermannhauses. C 4, 9 b • 68159 Mannheim • Tel.: 0621 2932120 • www.zephyr-mannheim.de • Di.–So. 11–18 Uhr

30 Sebastian Fath Contemporary Gegründet 2003, seit 2015 in der Villa des Chemikers Georg Otto Giulini; Schwerpunkt bilden reduzierte Formen der Gegenwartskunst und Kunsthandel des 20. Jahrhunderts. Werderstraße 38 • 68165 Mannheim • Tel.: 0621 7644400 • www.fath-contemporary.de • Do./Fr. 14–19 Uhr, Sa. 12–16 Uhr und nach Vereinbarung

BADEN

31 Herschelbad Das schönste und älteste Mannheimer Hallenbad. Drei Schwimmhallen mit Wärmebänken, Sauna und Dampfbad. U 3, 1 • 68161 Mannheim • Tel.: 0621 2937116 • www.mannheim.de/de/service-bieten/sport/schwimmbaeder/herschelbad • Mo. 13–21 Uhr, Di./Mi. 6.15–21 Uhr, Do.–Sa. 8–21 Uhr, So. 9–20 Uhr

32 Strandbad „Mannheimer Lido" zwischen Flusskilometer 249 und 250; seit den 1920er Jahren sommerlicher Wallfahrtsort der Großstädter, schönes Restaurant, heute Freiluftbad mit schönen Liegewiesen, offizielles Badeverbot im Rhein seit den 1970er Jahren. Strandbadweg 1 • 68199 Mannheim • Tel.: 0621 80396598 • www.strandbad-mannheim.de • ganzjährig zugänglich

33 Blaue Adria Ehemaliger Baggersee, zwei Kilometer westlich von Altrip, 35 Hektar großes Freizeitparadies mit angeschlossenem Campingplatz. Naherholungsgebiet „Blaue Adria" • 67122 Altrip • www.badeseen.rlp.de und www.rlp-buergerinfo.de • ganzjährig zugänglich

34 Miramar Erlebnis- und Thermalbad mit Saunen, Wasserrutschen und Lasershow; zweitgrößte Sauna der Welt mit 250 Plätzen. Waidallee 100 • 69469 Weinheim • Tel.: 06201 60000 • www.miramar-bad.de • Mo.–Do. 9.30–22 Uhr, Fr. 9.30–24 Uhr, Sa. 9–24 Uhr, So. 9–22 Uhr

KLETTERN

35 EXTREM Mannheim Über 3.000 Quadratmeter und mehr als 350 Routen. Am Ullrichsberg 10 • 678309 Mannheim • Tel.: 0621 1281692 • www.kletterzentrum.de • Mo. 13–23 Uhr, Di.–Fr. 10–23 Uhr, Sa./So. 10–21 Uhr

36 Boulder Island Größte Boulderhalle in Mannheim mit 1.200 Quadratmetern Boulder- und Kletterflächen, rund 300 Boulderrouten und neun Schwierigkeitsgraden. Industriestraße 39 • 68169 Mannheim • Tel.: 0621 39187898 • https://boulder-island.de • Mo.–Fr. 12–23 Uhr, Sa./So. 10–21 Uhr

INFORMATIONS-ABC

ANREISE

Mit dem Auto Fünf Autobahnen sorgen für direkte Anschlüsse: A5, A6, A61, A65 und A67.

Mit der Bahn Hauptbahnhof: Zentraler Knotenpunkt zwischen Fern- und Regionalverkehr, S-Bahn Rhein-Neckar, Stadtbahn und Bussen. DB-Information tägl. 6–24 Uhr, WC tägl. 4.30–1.00 Uhr, 30 Min. kostenloses WLAN. Barrierefreier Bahnhof – Mobilitätsservicezentrale Tel.: 0180 6512512 (20ct/Anruf aus dem Festnetz, Tarif bei Mobilfunk max. 60ct/Anruf), 15. Min. ins Zentrum, Stadtbahnlinien 1, 3, 4, 5 Richtung Paradeplatz (Stadtzentrum). Willy-Brandt-Platz 17 • 68161 Mannheim • www.einkaufsbahnhof.de/mannheim-hauptbahnhof und www.bahn.de

Mit dem Bus Busbahnhof – Busstop Mannheim: Neben dem Hauptbahnhof, Start-, End- und Umsteigepunkt zu nationalen und internationalen Buslinien, WC mit Wickeltischen und Behindertentoilette, Schließfächer, Münztelefon und Warteraum. Heinrich-von-Stephan-Straße • 681 57 Mannheim • www.busstop-mannheim.de

Mit dem Flugzeug Frankfurt Rhein-Main – rund 30 Min. Fahrzeit • Mannheim City-Airport – wenige Minuten und direkte Verbindungen der Rhein Neckar Air nach Berlin, Hamburg und Sylt! • www.flugplatz-mannheim.de

Mit dem ÖPNV Aus allen Richtungen mit dem Verkehrsverbund Rhein-Neckar (VRN) und der S-Bahn Rhein-Neckar • www.vrn.de und www.s-bahn-rheinneckar.de

AUSKUNFT

Touristinformation Mannheim Willy-Brandt-Platz 5 • 68161 Mannheim • Tel.: 0621 2938700 • www.tourist-mannheim.de oder www.facebook.com/mannheim.quadratestadt Mo.–Fr. 9–19 Uhr, Sa. 10–13 Uhr (außer an Feiertagen)

BARRIEREFREIHEIT

Nähere Infos im rnv-Kundenzentrum N1 Stadthaus am Paradeplatz • Tel.: 0621 4654444 und im Internet unter: www.vrn.de/mobilitaet/handicap/barrierefreiheit/index.html

FAHRRÄDER UND FAHRRADVERLEIH

VRNnextbike Kostenlos per App, telefonisch (030 69205046), am Terminal oder auf der Website kostenfrei registrieren. • www.vrnnextbike.de/de/mannheim/

FAHRRAD-PARKPLÄTZE

Fahrradparkhaus Hauptbahnhof P 6 Seit 1997, erstes Fahrradparkhaus in Baden-Württemberg, Kapazität: bis zu 400 Stellplätze. Heinrich-von-Stephan-Str. 2 • 68161 Mannheim • www.parken-mannheim.de/parken/fahrrad-parken-mannheim

Fahrradstellplätze in der Innenstadt In der Innenstadt gibt es 900 Abstellplätze für Fahrräder. www.mannheim.de/de/service-bieten/verkehr/radfahren-in-mannheim/fahrrad-parken

Fahrrad in der Stadtbahn/im Bus Fahrradmitnahme ist nur möglich, wenn der Platz ausreicht; jeder Fahrgast darf nur ein Fahrrad mitnehmen. Näheres unter: www.vrn.de/mobilitaet/fahrrad/fahrradmitnahme

MEDIEN

Mannheimer Morgen (MM) Mit den Regionalausgaben „Südhessen Morgen" und „Bergsträßer Anzeiger" www.morgenweb.de

MOBILITÄT

rnv-Kundenzentrum N 1 Stadthaus am Paradeplatz • Tel.: 0621 4654444 • www.vrn.de/tickets/ticketkauf/verkaufsstellen • Mo.–Fr. 9–18 Uhr, Sa. 10–15 Uhr

VRN Callcenter Tel.: 0621 1077077 • Mo.–Fr. 8–17 Uhr (außer an Feiertagen) • Fahrplanauskünfte rund um die Uhr

Parken Über 10.000 Parkplätze, mehr als 20 Parkhäuser, Parkleitsystem • App „Parken in Mannheim" oder www.parken-mannheim.de

Carsharing Dank 25 „StadtMobil"-Stationen in Mannheim und weiteren in Ludwigshafen, Heidelberg und der Metropolregion Rhein-Neckar ergänzt „StadtMobil-CarSharing" den ÖPNV um eine bequeme Variante. Reservierungen werden 24 Std. telefonisch über die Buchungszentrale oder das Internet angenommen. Tel.: 0621 12855585 • www.stadtmobil.de

Taxi Mannheim Tel.: 0621 444044

STADTFÜHRUNGEN

https://www.visit-mannheim.de/broschueren/mannheim-erkunden

Touristinformation Mannheim Willy-Brandt-Platz 5 • 68161 Mannheim • Tel.: 0621 2938700 • www.tourist-mannheim.de oder www.facebook.com/mannheim.quadratestadt Mo.–Fr. 9–19 Uhr, Sa.10–13 Uhr (außer an Feiertagen)

Ganz individuell „Stadtpunkte – Mannheimer Geschichte vor Ort auf eigenen Wegen erlebbar"; Fünf Themenkomplexe mit kostenloser App. https://stadtarchiv.mannheim/stadtpunkte

Zur Industriekultur Rhein-Neckar-Industriekultur e. V. • c/o Alte Brauerei • Röntgenstraße 7 •68167 Mannheim • www.rhein-neckar-industriekultur.de

REGISTER

ORTSREGISTER

PERSONENREGISTER

ABBILDUNGSNACHWEIS

Alle Bilder von Hartmut Ellrich außer:

S. 1, 9, 20, 27, 33, 38, 60, 65, 66, 67, 68, 69, 70, 71, 72, 74, 77, 80, 84, 85: Stadtmarketing Mannheim GmbH

S. 5 (1. v. oben), S. 87, Umschlag hinten (oben Mitte): Wikipedia Commons (Foto: Hubert Berberich, CC BY 3.0)

S. 9: Wikipedia Commons (Phaeton1, CC BY-SA 3.0)

S. 10, 51, 81, 91, 112, 114: Wikipedia Commons (gemeinfrei)

S. 12: Joy Fleming †

S. 13: Helen Heberer

S. 14: Wikipedia Commons (Quadratestadt Mannheim Bernhard Kunz/ Stadtmarketing Mannheim GmbH, CC BY 2.0)

S. 15, 128, 131: Speicher7 GmbH & Co. KG

S. 16, 17: Wikipedia Commons (Radosław Drożdżewski, CC BY-SA 4.0)

S. 19, 121, 122: Julienne Matthias-Gund

S. 24: Stock.adobe.com (Eberhard Spaeth)

S. 26: Wikipedia Commons (lff-MH, CC BY-SA 4.0)

S. 31, 124, 126: Peek & Cloppenburg KG Düsseldorf (Andreas Fechner)

S. 40, 117: Vermögen & Bau Baden Württemberg, Amt Mannheim

S. 53: Wikipedia Commons (3268zauber, CC BY-SA 3.0)

S. 54: Wikipedia Commons (Albrecht Landgraf, CC BY-SA 4.0)

S. 67: Kunsthalle Mannheim (Lukac Diehl)

S. 79: Wikipedia Commons (Rudolf Stricker)

S. 88: Wikipedia Commons (Wolfgang Roloff/Stadtmarketing Mannheim GmbH, CC BY 2.0)

S. 110: Stadt Leimen/Tourismus-Gesellschaft Kurpfalz e.V.

S. 111: Stiftung Hambacher Schloss

S. 118: Engelhorn Gastro GmbH, Marketing (Kerstin Arlt)

S. 123: Wikipedia Commons (Rolf Heinrich, Köln, CC BY 3.0)

S. 132: Sven Wittke

BILDLEGENDEN

S. 1: Friedrich-Ebert-Brücke und Fernmeldeturm

S. 6: Blick vom Schlossturm auf Konrad-Adenauer- und Eisenbahnbrücke

S. 10: Mannemer Dreck

S. 12: Joy Fleming

S. 14: Handelshafen

S. 16: Maimarkt

S. 18: Rheinpromenade

S. 20: Schloss, Bretzenheimpalais und Jesuitenkirche

S. 44: Markttag in Mannheim

S. 60: Friedrichsplatz

S. 80: Collinisteg (Fußgängerbrücke)

S. 92: Weinheimer Altstadt

S. 112: Mannheim um 1890

Umschlag vorn: Friedrichsplatz mit Wasserturm

Umschlag hinten: Barockschloss (oben links); Lanz-Lokomobil am Technoseum (oben Mitte); Neckaruferbebauung (unten)

DER AUTOR

Hartmut Ellrich, 1970 in Mannheim geboren; im Mannheimer Norden (Waldhof-Ost) aufgewachsen, Studium der Mittelalterlichen und Neueren Geschichte und der Politischen Wissenschaften in Mannheim und Jena; selbständiger, freiberuflicher Historiker, freier Journalist und Buchhändler; ehrenamtlich für die Deutsche Stiftung Denkmalschutz tätig; zahlreiche Publikationen zur Geschichte Mittel- und Südwestdeutschlands. Prägend ist für Ellrich von klein auf das Barockschloss Mannheim.

DANKESCHÖN

Der Dank des Autors gilt der Stadtmarketing Mannheim GmbH, Julienne Matthias-Gund und der Tourismus-Gesellschaft Kurpfalz e.V., der Stadt Leimen, der Stiftung Hambacher Schloss, Kerstin Arlt und der Engelhorn Gastro GmbH Mannheim, dem Unternehmen Peek & Cloppenburg KG Düsseldorf, Helen Heberer, Sven Wittke und Vermögen und Bau Baden-Württemberg, Amt Mannheim (Johannes Gürlich), sowie Matthias Balg und dem Team des Mitteldeutschen Verlags in Halle/Saale.

Der Verlag und der Autor freuen sich über Ihre Hinweise:
info@mitteldeutscherverlag.de

Redaktionsschluss: Februar 2018

Karten: Matthias Balg, Mannheim; außer Margot Engel, Leipzig (S. 94/95)

Zitat S. 75 f.: Tobias Möllmer: Pariser Architektur in Mannheim. Das Palais Lanz, in: Badische Heimat 1 (2007), S. 140–147.

Gesamtherstellung: Mitteldeutscher Verlag, Halle (Saale)

ISBN 978-3-95462-992-3

Printed in the EU